E-book Marketing

50 Maneiras de Promover Seu Livro e Vender Mais

2ª EDIÇÃO

ELDES SAULLO

E-book Marketing – 50 Maneiras
de Promover Seu Livro e Vender Mais
Eldes Saullo

Edição e Revisão:
Simone Alves

Design da Capa:
Livros Que Vendem (livrosquevendem.com/capas)

Saullo, Eldes,
E-book Marketing – 50 Maneiras de Promover Seu Livro e Vender Mais
– 2ª Edição

Eldes Saullo – Casa do Escritor, São Paulo: 2016

ISBN 9781519007483

1. Livros - Marketing 2. Editores e Autores|
3. Autoria 4. Autopublicação
I. Título

www.eldessaullo.com

Sumário

Para minha avó, Dulce.

Introdução

Você já imaginou se tornar um escritor de sucesso e frequentar o ranking dos livros mais vendidos? Publicar um livro, ser bem avaliado por seus leitores e receber royalties cada vez maiores, todo santo mês, religiosamente em dia? Com a Internet, as redes sociais e a Amazon, alcançar este sonho ficou muito mais fácil do que você imagina.

Por que este é o melhor momento na história do Universo para escrever e publicar um livro? Porque uma conjunção de astros da tecnologia permite que um desconhecido possa se tornar conhecido no mundo inteiro e propagar suas histórias e ideias sem precisar enfrentar as barreiras editoriais que existiam antes e sem gastar muito dinheiro.

Sim, estou falando da Amazon, do Google, do Facebook e de alguns outros meios digitais que tiraram das editoras e entregaram aos autores os superpoderes da publicação e do marketing.

O objetivo deste livro é revelar a você, autor, alguns segredos do marketing digital para ajudá-lo a vender mais. Estas informações foram acumuladas em mais de 20 anos de serviços prestados na área de Marketing, inclusive para o mercado editorial, e na experiência obtida através da publicação independente e promoção de sete livros até o momento.

Se você já publicou um livro, em especial na Amazon, **"E-book Marketing - 50 Maneiras de Promover Seu Livro e Vender Mais"** abrirá seus olhos para estratégias de marketing que farão a diferença em suas vendas.

Se você ainda não escreveu ou publicou um livro, recomendo a leitura de **"Seu Livro no Kindle - Como Escrever e Publicar um Livro na Amazon"** e de **"E-book em 48 Horas – Como Escrever um Best-Seller de Não Ficção, Mesmo Sem Tempo"**, dois livros que escrevi para incentivar a autopublicação e reforçar a Estratégia Número nº 1 do Marketing Editorial: "Escreva um bom livro!"

Neste livro, você vai mergulhar exclusivamente no Marketing. Para facilitar a compreensão de cada uma das estratégias aqui listadas, elas foram distribuídas em cinco grandes capítulos, de acordo com suas funções. São elas:

1. Estratégias Fundamentais: estratégias imprescindíveis para todo escritor independente que almeja o sucesso hoje.

2. Estratégias de Alcance: como aumentar sua audiência e número de fãs.

3. Estratégias de Relacionamento: estratégias para se relacionar melhor com seus leitores e ser mais querido por eles.

4. Estratégias de Conversão: estratégias para converter, gerar leads e tornar seu livro uma compra irresistível.

5. Estratégias de Engajamento: como engajar e transformar leitores em clientes recorrentes e verdadeiros vendedores de seus livros.

Por fim, apresento **O Perfil do Autor de Sucesso**, uma lista com 10 características mentais para se tornar um autor bem sucedido.

Antes de partirmos para as estratégias, gostaria de reforçar que o objetivo deste livro é aumentar a venda de seus livros e e-books na Amazon e no Kindle. Por quê? Porque é o caminho mais rentável para quem está começando. Se você não publicou ou tem apenas um livro publicado, não pense duas vezes antes de decidir-se em começar pelo Kindle.

Não defendo a Amazon apenas por defender. Ela me deu o poder de falar com você aqui e agora. E vai te proporcionar isto de forma rápida, além de te dar as ferramentas mais eficientes para atingir mais e mais leitores.

Veja bem, eu recomendo fortemente que você utilize todos os canais possíveis para vender seus livros, sejam eles impressos ou digitais. Apenas tenha em mente alguns pontos: no tempo que levo para vender um livro em outra livraria, eu vendo 100 livros na Amazon. Publico ou altero um livro e, 48 horas depois, ele está disponível para venda, ao contrário de algumas bem conceituadas livrarias online que podem levar até seis meses para publicá-lo Se tenho um problema, a resposta é rápida e eficiente. Os relatórios de vendas são em tempo real, os pagamentos entram em minha conta sem que eu tenha que me preocupar com absolutamente nada.

Não, não sou funcionário nem ganho qualquer incentivo ou pagamento da Amazon para promovê-la ou defendê-la. Sou apenas um cliente - como comprador de livros e produtos e como escritor - extremamente satisfeito.

Você pode ler este livro de duas formas: em sequência ou ir direto para a estratégia que você mais necessita neste momento ou que chame mais sua atenção. Minha recomendação é que leia em sequência, porque elas estão interligadas e, volta e meia, faço referências a estratégias anteriores. Algumas delas são mais longas, outras são mais curtas. Você pode aplicá-las em conjunto, o que aumenta seus poderes, ou separadas.

Vamos, então, conhecer as 50 estratégias que vão transformar seus lançamentos em foguetes de vendas, construir uma marca forte como escritor, fazer com que você encante e alcance mais leitores até o ponto em que isto transforme sua vida e você possa afirmar: "Eu vivo de livros".

Boa leitura e excelentes vendas!

Estratégias Fundamentais Para Vender Livros

"Você não vende um livro, vende transformação, vende resultados".

Como é que você se sente quando termina de ler um bom livro? Um livro que resolve um problema, que eleva seus pensamentos, que transforma sua vida?

Seja de ficção ou não ficção, se o livro que você escrever não transformar o leitor, as chances dele ser abandonado antes do fim são grandes. As chances de receber críticas e avaliações negativas também aumentam bastante.

Considero as sete estratégias deste primeiro capítulo imprescindíveis se você pretende realmente ter sucesso como escritor e viver de livros hoje. Elas compõem os alicerces do marketing do seu livro e formarão as bases do seu castelo, do seu império como escritor.

Comecemos com a mais importante de todas:

ESTRATÉGIA nº 1 – Escreva um livro que exceda as expectativas do seu leitor

Quando digo que "escrever um bom livro é a melhor estratégia de Marketing que um livro pode ter", entenda como a síntese de todas as outras estratégias deste e de qualquer outro livro de marketing. Se eu fosse obrigado a dar um único conselho sobre Marketing de Livros, seria este: "Crie um produto superior!".

Para escrever um livro excelente, você precisa descobrir o que seus leitores amam e também o que odeiam. Precisa saber o que já foi coberto e o que não foi coberto em outros livros sobre o assunto. Se já foi coberto, você precisa enxergar a coisa de um ângulo original.

Sim, você pode escrever um livro sobre vampiros ou sobre relacionamentos, desde que faça uma abordagem completamente original e que seu conteúdo seja realmente transformador.

Muitos autores escrevem para si, poucos escrevem para os outros. Analise os best-sellers de todos os tempos, estude quais são os livros mais vendidos e perceba que, muito mais do que contar o que os autores queriam dizer, estes livros mostram o que os leitores gostariam de ouvir.

8

FICÇÃO

Um livro superior de ficção tem como base uma trama forte, hipnotizante, a história é mostrada com detalhes que aguçam os sentidos e não contada por um amigo chato. A história é uma espiral ascendente que deixa o leitor sem respirar e, no final, deixa aquele gosto de "quero mais" em sua mente. O livro superior de ficção TRANSFORMA o leitor quando ele acaba de ler.

NÃO FICÇÃO

Um livro superior de não ficção tem como base a clareza das ideias e a forma de expô-las. Conta histórias, mostra opiniões controversas, apresenta cenários e dados do mercado. Conversa com os três tipos de leitores – o emocional, o racional e o instintivo – de uma forma informal e direta, apresenta o passo a passo para solucionar o problema ou aliviar a sua dor. O livro superior de não ficção é relevante, cumpre a promessa que vende em seu título, entrega ao leitor os RESULTADOS que ele espera e também gera TRANSFORMAÇÃO.

Conteúdo é Rei. Conteúdo é tudo. O Content Marketing Insitute (http://contentmarketinginstitute.com/) tem um guia essencial para a produção de conteúdo que serve tanto para criar um livro, quanto para criar um vídeo ou um post de blog. Pessoas almejam por conteúdo que as ajudem a resolver um problema, que elevem seu padrão mental, conteúdo que:

1. Lembra que a vida é curta.

2. Fala que nossos sonhos são possíveis.

3. Aumenta a fé em nosso poder de realizar grandes feitos.

4. Lembra que podemos fazer a diferença e mudar o mundo.

5. Lembra da importância das coisas básicas da vida.

6. Traz viradas inesperadas.

7. Conta uma bela história.

8. Conduz a uma longa jornada.

9. Inspira a agir

10. Faz gargalhar ou sorrir.

11. Faz chorar de alegria ou tristeza.

12. Revela um grande segredo.

13. Surpreende.

14. Encoraja a nunca desistir.

15. Lembra que somos únicos.

16. Lembra que há algo mais.

17. Confirma nossas suposições.

18. Desafia nossas suposições.

19. Educa enquanto entretém.

20. Onde Davi derrota Golias.

21. Mostra um novo ponto de vista, mesmo sobre o tema mais comum.

Seu livro pode tomar como base um ou mais deles. Além disto, um bom livro é resultado de um processo consistente de criação e produção composto pelas seguintes etapas:

- **GERAÇÃO DE IDEIAS** – sessões de brainstorm para listar possíveis ideias para um livro.

- **PLANEJAMENTO E PESQUISA** – preparação do material com o objetivo de delinear a história, personagens, capítulos e fazer pesquisas para o conteúdo.

- **ESCRITA** – o processo de escrita criativa que precisa ser feito com o coração, tomando como base os alicerces da fase de planejamento e pesquisa.

- **REESCRITA** – o momento onde as grandes melhorias acontecem, um processo mais mental, com foco em corrigir defeitos e fortalecer o conteúdo.

- **REVISÃO** – que deve ser feita por um profissional qualificado.

- **PRODUÇÃO** – diagramação, design, formatação para e-book ou impressão.

Você pode utilizar todas as 49 estratégias seguintes deste livro com precisão, mas se não escrever e produzir um bom livro, todas elas serão em vão.

ESTRATÉGIA nº 2 – Crie um título que faça o leitor tremer de vontade de comprar seu livro

Você escreveu um bom livro e agora precisa, com apenas uma única frase, mostrar para o leitor que transformação, experiência ou resultados ele pode esperar do seu conteúdo. O título é a ponta do iceberg, a placa que diz ao leitor o que existe atrás da porta. Título vende!

No processo de vendas AIDA – Atenção, Interesse, Desejo, Ação – o título faz parte da primeira etapa: fazer com que o leitor descubra seu livro. O objetivo principal do título é chamar a Atenção. Que grande promessa você pode fazer para que o leitor saia do transe cotidiano e desperte seu interesse?

10 PASSOS PARA CRIAR TÍTULOS MATADORES

1. Faça um brainstorm de títulos possíveis. Escreva e reescreva diversos títulos com palavras diferentes ou alterando a ordem. Lembre-se que você tem apenas 5 segundos para chamar a atenção do leitor.

2. Inclua palavras-chave sobre seu assunto ou tema. Experimente combinações diferentes.

3. Estude, observe e pesquise o mercado e concorrentes.

4. Desperte a curiosidade: no caso de ficção, pense em uma palavra ou duas que podem atrair o leitor para a trama. No caso de não ficção, pense na grande promessa que seu conteúdo entregará. Não faça promessas que não serão cumpridas.

5. Se necessário, crie um subtítulo orientado para aguçar a curiosidade sobre a trama (ficção) ou para vender o principal benefício (não ficção).

6. Seja claro. Eleja os três títulos que você mais gosta e reescreva-os tentando reduzir o número de palavras sem prejudicar o sentido e a força.

7. Fuja do lugar comum. Seja criativo. Tente pensar fora da caixa.

8. Demonstre sua personalidade no título.

9. Peça opinião a parentes, amigos, livreiros e para seu público.

10. Decida-se e comemore.

ESTRATÉGIA nº 3 – Crie uma capa irresistível que faça seus concorrentes babarem

A capa é a embalagem do seu produto, o livro. O leitor passa os olhos pelas páginas de busca e em milésimos de segundos pode decidir se seu livro vale ou não vale a pena apenas pela imagem da capa.

A primeira coisa que ele irá fazer é olhar para a miniatura da capa, a segunda será ler o título. Então, tente quebrar o padrão, chamar a atenção no mar de lama de capas que existe por aí.

Fuja dos templates ou modelos padrão, prime pela legibilidade, nunca utilize fundo branco, use cores que tenham contraste, realce as palavras-chave, cuide para que cores, imagens e tipografias tenham harmonia e chamem a atenção.

A dica mais importante que posso lhe dar sobre criação de capa é: se você não é um mestre do design, contrate um profissional. Existem diversos profissionais qualificados que vão criar capas arrasadoras por preços irrisórios. Você os encontra em serviços de freelance como Fiverr.com, Workana.com ou 99designs.com.

A capa é uma parte tão importante da estratégia de marketing que dediquei um livro inteiro a ela: "**Capas Que Vendem - Os Segredos das Capas de Livros Que Atraem**", disponível na Amazon.

Enfim, cuide para que sua capa seja extraordinária e faça testes. Uma das belezas do livro digital é que nada é permanente e você pode alterar capa e conteúdo quando achar necessário, aprimorar e refinar ambos com o objetivo de aumentar suas vendas.

ESTRATÉGIA nº 4 – Construa autoridade e reconhecimento em um nicho específico

Uma das principais técnicas de persuasão é a autoridade. Junto com reciprocidade, compromisso, prova social, empatia e escassez, faz parte dos seis princípios citados por Robert Cialdini para convencer as pessoas a fazerem algo, comprarem um produto, seguirem um ideal.

O ser humano tende a obedecer a quem tem autoridade. Uniformes, títulos (Doutor, Professor) são capazes de insuflar o ar da autoridade em pessoas, levando outros a acreditarem em suas opiniões sobre determinadas questões. Muitos comerciais de pastas de dente utilizam a figura de um dentista para passar mais segurança ao consumidor.

Mas nem sempre é necessário usar um uniforme ou ser um doutor para transmitir autoridade. Ao escrever e publicar um livro sobre determinado assunto, você já é visto com outros olhos por quem compra seu livro, ainda mais se ele for bom. Se você escreve um segundo livro sobre o assunto, sua autoridade se amplia. Eis o segredo: escreva três livros sobre um determinado assunto e transforme-se em autoridade nele. Publique uma trilogia e o mundo o verá com outros olhos.

FOCO

Por mais que você queira, seu trabalho não terá apelo para dois bilhões de chineses. Seja bem claro para quem você está falando e para quem não está.

Para isto acontecer, é necessário que você tenha foco em um nicho. Se quiser escrever para nichos completamente diferentes, utilize pseudônimos. Caso contrário, ao invés de autoridade, você vai gerar desconfiança resultante de um fenômeno chamado "paralisia por análise". Você vai passar a impressão que sabe pouco sobre diversos assuntos ao invés de passar a certeza de que você sabe muito sobre um assunto específico. Este é o principal ingrediente da AUTORIDADE.

Autoridade também é criada quando se tem consistência. Crie uma marca, uma identidade visual, desenvolva um estilo e atenda bem seus leitores em todos os canais.

Quando você cria autoridade dentro de um segmento de mercado, outras coisas boas acontecem. Você passa a correr o risco de ser convidado para entrevistas, palestras, para formar parcerias e participar de projetos voltados para o seu público.

ESTRATÉGIA nº 5 – Pesquise, pesquise, pesquise.

Na minha vida, a frase que me dá mais calafrios é "tive uma ideia". Passo até por chato, pois a primeira pergunta que faço quando a pessoa chega com uma ideia sensacional que vai mudar o mundo dos livros, dos *apps*, o planeta, é "Você fez pesquisa?".

17

Responda, antes de prosseguir com sua ideia:

1. Por que você quer escrever um livro?

2. Por que o leitor vai querer ler seu livro?

Depois que você sai de um *brainstorm* de ideias, a primeira coisa que você precisa fazer é estudar e se aprofundar no tema. Imagine lançar um produto no mercado sem saber se há, ao menos, um número suficiente de consumidores interessados.

Marketing é uma estrada, não um atalho. Pesquisa pode ser comparada ao momento em que você vai buscar no Google Maps ou no Waze qual é o melhor caminho para se chegar a algum lugar. Neste caso, o lugar é o momento no qual seu livro passa a contar com vendas consistentes, diárias, no piloto automático.

Você deve pesquisar na Amazon Brasil e na Amazon Internacional, em outras livrarias virtuais e físicas, no Google e outros buscadores, no Youtube e nas redes sociais. Procure o que o seu público quer comprar e não o que você quer vender.

Identifique e busque seu fã ideal. Um dos maiores erros que escritores cometem é não identificar exatamente quem eles querem alcançar.

Crie um perfil do seu fã ideal. Quais são seus anseios, seus interesses, seus desejos? Qual é seu perfil demográfico, geográfico e psicográfico? Onde eles podem ser encontrados e quem são seus principais influenciadores?

Produza conteúdo que fale com os interesses e desejos destas pessoas. Responda à principal pergunta deles: "O que isto tem a ver comigo?".

Após reunir números sobre o tamanho e abrangência do mercado, conhecer melhor seu público, descobrir quais são seus reais interesses, suas esperanças, seus desejos, seus medos, tenha certeza que você vai escrever um livro muito melhor, com mais chances de encantar multidões.

Pesquise seu mercado, seu segmento, seu nicho. Tenha sempre em mente quem é o seu leitor. Para se aprofundar nisto, recomendo a leitura do meu livro **"150 Nichos Quentes – Como Identificar Segmentos de Mercado e Lucrar com Eles"**

ESTRATÉGIA nº 6 – Construa uma plataforma de autor e vá além da Amazon

Hoje, para ser um autor de sucesso, você precisa ter mais pontos de contato com seu leitor do que há algum tempo atrás. Para quem está começando, eu recomendo que se concentre em criar e nutrir sua plataforma antes mesmo de lançar o primeiro livro.

Antes de começar a criar seu blog, site e páginas, escolha domínios com cuidado. Lembre-se que você estará construindo uma marca e uma presença online. Autores de ficção deveriam usar seus nomes, autores de não ficção devem se certificar que seus domínios sejam autoexplicativos, relevantes e claros.

O que esta plataforma deve conter afinal? A plataforma ideal varia de acordo com o perfil de cada autor e seu público. No entanto, saiba que quanto maior presença multicanal você tiver, mais consistente será sua comunicação e mais credibilidade transmitirá. A plataforma ideal do autor independente possui:

1. **LISTA DE E-MAILS:** um autor hoje não é nada se não construir uma lista de e-mails. De todos os outros canais, a lista é o único onde as informações sobre seus clientes são suas para sempre. Nas redes sociais, as políticas mudam o tempo todo e você não tem controle completo sobre seus fãs e seguidores. Há pouco tempo, o Facebook alterou a política de alcance de posts orgânicos e agora é preciso pagar para atingir os fãs de sua própria *fan page*. Uma lista de e-mails permite que você lance um segundo livro com a metade do esforço e investimento do primeiro. Então, sempre que possível – no blog, no site, nas redes sociais – capture e-mails de prospectos. Nas estratégias de conversão para gerar leads e vendas falarei mais sobre lista.

2. **BLOG:** crie, alimente e mantenha atualizado um blog. Considero o blog uma ferramenta importantíssima para escritores. Primeiro porque mostra ao leitor seu estilo e

qualidade; segundo porque é um excelente gerador de leads - cadastros na newsletter - e vendas. Gosto muito do blog criado no Wordpress.com. Não é aquele que você instala (.org). Apesar das limitações para a instalação de plug-ins, ele possui uma rede de blogueiros integrada e cada post seu alcança mais rapidamente uma audiência maior do que na versão instalada, sem contar que você não precisa se preocupar se seu servidor vai suportar a demanda de acessos. Na Estratégia nº 9 vou listar algumas técnicas para tornar seu blog atraente e gerar mais visitas. Conteúdo continua sendo Rei e uma das melhores formas de gerar acessos qualificados para seus livros e produtos.

3. **WEBSITE:** ter um website é opcional se você possuir um blog que supra esta função. Entre ter um ou outro, prefira o blog. Você pode desenvolver um website simples com as ferramentas que existem hoje disponíveis do tipo Faça Você Mesmo ou contratar um web designer em sites de freelance.

4. **BOOK LANDING PAGE:** a página de vendas de um livro. Ela pode estar no seu blog ou no seu site, o importante é que tenha como objetivo a venda de um único livro. Neste momento você me pergunta: "mas a página de vendas do livro na Amazon não faz isto?" Faz, só que você precisa estar preparado para que, no futuro, caso queira incluir outras livrarias e possa ter mais independência da Amazon,

seu livro tenha uma única URL de destino. A página de vendas do livro ideal traz o título, a capa, a descrição do livro e um botão ou botões que redirecionam para os canais de vendas.

5. **REDES SOCIAIS:** tenha um perfil pessoal, crie uma Fan Page, um grupo no Facebook e/ou no Linkedin, tenha um perfil no Twitter, outro no Google+, mais um no SlideShare, crie um Instagram, um Pinterest, um Tumblr, um canal no Youtube, enfim, esteja presente no maior número de redes sociais possível, desde que elas tenham afinidade com seu segmento. Mas não basta ter, é preciso estar presente e, para dar conta do recado sem ficar louco ou sem braços, utilize ferramentas que permitam gerenciar e agendar postagens de um único lugar, como o Hootsuite, por exemplo. Participe e lidere grupos, fóruns e comunidades relacionadas ao seu nicho. Uma agenda de conteúdo e de horários de relacionamento é fundamental para não sucumbir na avalanche de interrupções que as redes sociais proporcionam.

6. **AUTHORCENTRAL:** a página do autor na Amazon. Falarei mais sobre ela na Estratégia n° 41.

7. **PODCAST:** um Podcast é um canal de áudio ou vídeo popularizado pela Apple em seus aparelhos como o iPhone,

o iPad e a AppleTV. Dependendo do seu nicho ou se você escreve ficção, é um canal opcional. Se você escreve não ficção nas áreas consideradas supernichos – saúde, dinheiro e relacionamento – você ampliará sua vantagem sobre seus concorrentes se cultivar um Podcast.

ESTRATÉGIA nº 7 – Nunca Pare de Criar e de Aprender

Esteja sempre criando e aprendendo. No primeiro caso, escrever mais e mais livros é o modelo de negócios indicado para Amazon e Kindle. O grande segredo para ganhar dinheiro na Amazon é: "Publique mais livros curtos em períodos mais curtos de tempo".

Por um livro curto, considere uma obra contendo entre 10 mil e 20 mil palavras. Publiquei seis livros em dois anos, o que dá uma média de um livro a cada quatro meses. Pretendo diminuir esta média e sugiro que você também publique mais. A quantidade de publicação é uma variável bastante importante na Amazon, já que ela aprimora a "encontrabilidade".

O cérebro humano é um órgão incrível. Sou um estudioso apaixonado pelo seu funcionamento, tanto na parte física quanto metafísica. Gosto também de estudar o mercado de livros, as técnicas literárias e entrevistar autores. E você? O que gosta de estudar e aprender? Estar sempre aberto para novos aprendizados é imprescindível para quem escreve. Saia da sua zona de conforto, leia assuntos diferentes. Uma regra que sigo é que dos 30 livros que me proponho a ler por ano, pelo menos dois deles sejam de assuntos diferentes dos que realmente estou acostumado.

O mais importante é focar no que é mais efetivo para você, tanto na criação, quanto no aprendizado. A Regra de Paretto diz que 80% dos nossos ganhos são resultados de 20% dos nossos esforços. Então, para que perder tempo com atividades que não geram resultados diretos para você? No meu caso, o que me gera mais resultados diretos é escrever e vender, então tento me concentrar nestas atividades e terceirizo todas as outras.

Criar é um prazer, criar desestressa. Crie livros, artigos, posts, roteiros de vídeo, mantenha a chama criativa sempre acesa.

Estratégias Fundamentais - Principais Lições

- Escreva um livro que exceda as expectativas do seu leitor. Tome isto como a única estratégia capaz de vender mais livros.

- Crie um título que faça o leitor tremer de vontade de comprar seu livro. Faça uma grande promessa, gere uma grande curiosidade.

- Crie uma capa irresistível que faça seus concorrentes babarem. Capture os olhos do seu leitor com uma imagem de 100 pixels de altura.

- Construa autoridade e reconhecimento em um nicho específico

- Faça Pesquisas. Conheça a fundo seu mercado e seu leitor.

- Construa uma plataforma de autor e vá além da Amazon. Crie sua independência como autor e, quem sabe, sua independência financeira.

- Nunca pare de criar e de aprender. Crie mais livros e conteúdos para seu público, esteja sempre aberto a novos aprendizados.

Com as estratégias fundamentais você constrói os alicerces do marketing editorial, as bases para gerar e sustentar vendas frequentes e automáticas. Agora você precisa saber como ampliar seu alcance, assunto do próximo capítulo.

Estratégias de Alcance

Com o livro pronto, bem escrito e fundamentado em pesquisa, com capa e título arrasadores e sua plataforma de autor a todo vapor, o próximo passo é construir audiência, conquistar fãs.

Imagine um programa de TV que ninguém assiste. Ter um site ou um blog ou um website que ninguém acessa é a mesma coisa.

Uma coisa que aprendi no mundo do marketing digital é que tudo tem como base matemática e estatística. Se sua taxa de conversão média é de 3%, se você gerar 1000 *leads* – cadastros de e-mails - em um mês, você vai vender 30 livros. Se atingir 10 mil *leads* por mês, serão 300 livros vendidos e assim por diante.

Monitorar seus números e métricas em todas as etapas do funil de vendas é um passo importante do processo, como você verá na Estratégia nº 31.

Dividi as estratégias de alcance em duas partes, a primeira com foco em aumentar a audiência de suas plataformas, a segunda com foco na conquista de fãs nas redes sociais.

ESTRATÉGIAS PARA AUMENTAR A AUDIÊNCIA

Antes de sair caçando audiência, lembre-se que tráfego não é o suficiente. É necessário se conectar, responder e engajar pessoas. Do outro lado de um simples e-mail, existe uma pessoa de carne e osso, um indivíduo que deseja aliviar uma dor, resolver um problema, satisfazer um desejo. Dê razões para que ele volte muitas vezes.

Você só vai conseguir isto criando conteúdo relevante que estimule uma conversa. Faça perguntas, responda a comentários, peça opinião e avaliações, seja um facilitador nos grupos, fóruns e comunidades. Antes de tudo, seja humano e autêntico.

ESTRATÉGIA nº 8 – Anuncie

"A Propaganda é a Arma do Negócio" é uma frase que você já ouviu, se já teve algum negócio ou vendeu produtos ou serviços. No seu caso de escritor, não recomendo que você faça anúncios, por mais barato que seja, para vender um título diretamente. Você não é uma editora com verba para torrar.

Se você tem uma verba, mesmo que enxuta para investir em anúncios, promova sua marca. Por quê? Por que o preço de um livro é muito baixo para obter um retorno eficiente sobre o investimento, o famoso ROI (*Return Over Investment*).

Você pode até anunciar o livro na semana do lançamento com o objetivo de gerar "*awareness*", desde que não espere que as vendas decorrentes paguem os custos da propaganda. O objetivo é chamar a atenção e despertar o interesse no internauta pela sua marca, pela sua proposta de transformação.

Uma nota importante: não basta querer anunciar, é preciso escrever anúncios efetivos, com títulos chamativos e imagens atraentes que despertem o interesse. Para isto, a fase de pesquisas do seu livro é bastante útil. Antes de criar um anúncio, responda às seguintes questões:

1. O que você tem a oferecer e o que te diferencia dos outros?

2. Qual é seu objetivo ou que ação você quer que o consumidor tome? Quer gerar vendas ou propagar sua marca, fazer branding?

3. Quem é o seu público-alvo? Quais são seus valores, suas necessidades, em que circunstâncias se encontram, qual é o perfil demográfico do seu leitor?

Para anunciar, os dois canais principais são Facebook e Google. Existem outras redes além de uma centena de Ad Networks, mas bem sabemos que não somos anunciantes experimentados com verbas de anúncios de Super Bowl para gastar.

Vamos colocar olhos editoriais nos dois principais jogadores do mercado atual:

FACEBOOK ADS

Segundo o texto de vendas do próprio Facebook, "a maioria dos anúncios online atinge 38% do público estimado, enquanto a média do Facebook é de 89%". Sim, aqueles quadrinhos publicitários que enchem seu saco enquanto você checa o último post dos amigos, atingem o alvo.

Só que existe um problema: eles são mais eficientes para construir marca, gerar reconhecimento, do que para vender livros. Então, use com parcimônia, planeje bem sua campanha antes, acompanhe de perto os resultados e otimize sempre que possível.

O Facebook hoje possui mais de dois milhões de anunciantes ativos, ou seja, a concorrência cresce dia após dia, o que significa que se antes você conseguia pagar 4 centavos por um clique, hoje isto exige conhecimento profundo da plataforma, tempo e dinheiro para testes e um pouco de sorte.

Recomendo o uso de posts patrocinados, o que veremos mais a fundo na Estratégia nº 20.

GOOGLE ADWORDS

O Google reinventou os anúncios. E acabou com muitas agências de propaganda também. Eles foram responsáveis por uma mudança profunda na forma de anunciar. Se antes o marketing era interruptivo - as pessoas estavam fazendo alguma coisa ou assistindo um programa e eram interrompidas por um comercial ou expostas a um outdoor - os buscadores nos trouxeram o marketing de continuidade, ou seja, uma empresa, um produto, um serviço é apresentado a você no exato momento em que você procura algo relacionado a eles. Isto gera conversões mais qualificadas.

O Google pede que você dê lances o tempo todo, pois é assim que ganham dinheiro. O problema é que isto pode quebrar você, já que para aparecer na primeira página, dependendo das palavras-chave, você vai precisar entrar em uma briga de foice... no escuro.

O Google também é mais caro que o Facebook. Se eu tivesse que colocar meus ovos em cestas de VENDAS e BRANDING, colocaria VENDAS no Google e BRANDING no Facebook. Mas não espere ROI, retorno sobre investimentos, no caso de livros. Direcione para seu site, capture emails – você verá muitas

31

estratégias para isto mais adiante – enfim, foque em construir sua marca. Vá por mim!

Se seu bolso for um pouco mais profundo, considere outros canais, como Twitter, Linkedin, entre outros. Novamente, monitore, teste, otimize e esteja atento para as mudanças que todos eles fazem constantemente em suas plataformas para anunciantes.

ESTRATÉGIA nº 9 –Mantenha Seu Blog em Movimento

Pessoas gostam de novidades. Por isto, manter um blog sempre atualizado com bom conteúdo é importante para fidelizar e gerar retorno. O ideal aqui é criar uma agenda de conteúdo.

Eu planejo os posts do meu blog com dois meses de antecedência. Faço algo bem simples: listo as datas de todas as quinta-feiras dos próximos 60 dias e escrevo um título em frente de cada uma delas. Isto gera uma lista de oito posts que vou procurar seguir nas próximas oito semanas.

Posso alterar ou trocar uma ou outra ou até mesmo mudar completamente para falar de algo muito recente, no entanto tenho algo para me guiar.

Um dos estilos de posts que mais engajam é o que gera controvérsia. Desafie crenças ou pressupostos comuns relativos ao tema do seu nicho ou que desafie especificamente o ponto de vista de outro concorrente mais popular. Esteja preparado para defender suas posições.

COMO CRIAR TÍTULOS INSTIGANTES... MESMO QUE VOCÊ NÃO ESTEJA ACOSTUMADO COM ISTO.

Criar um título de post é quase o mesmo que criar um título de um livro. Você precisa chamar a atenção. Títulos que atraem bastante são aqueles que remetem a listas ou rankings, algo do tipo "5 dicas para criar títulos de posts brilhantes".

Aqui vão quatro dicas para criar bons títulos:

1. Instigue, seja enfático ou remeta a algum tipo de ação.

2. Gere expectativa (que precisa ser cumprida se você quiser que o leitor volte).

3. Seja breve. Vá direto ao ponto.

4. Inclua uma palavra-chave importante do conteúdo ou do seu nicho.

COMO ESCREVER UM POST HIPNÓTICO

Para engajar com eficiência é preciso que o ritmo inicial do seu post faça o coração do seu leitor galopar. Então, vou falar aqui sobre uma técnica que chamo de "Blog Hipnose".

Esta técnica faz com que você "acorde" seus leitores e os mantenha "despertos" durante todo o post. Isto também vale para outros conteúdos, como roteiros de vídeos, e-mails etc.

A primeira parte do texto precisa responder à pergunta "Qual é a história?", ou seja, mostrar ao leitor porque ele precisa continuar ligado em suas palavras.

Observe que eu disse QUAL e não COMO. Muitos erram a mão aqui e começam seus posts descarregando histórias que fariam um enxame de abelhas cair em sono profundo.

Ao dar uma prévia de qual é o conteúdo, você faz seu leitor levantar da cama, esfregar os olhos e o deixa ávido pelos próximos parágrafos.

Lembre-se de que as pessoas estão imersas em uma navegação desenfreada e, caso você não chame sua atenção logo nas primeiras linhas, elas irão partir para outro lugar e abandonar seu blog antes que você diga otorrinolaringologista. É preciso quebrar este "Transe Internáutico".

Para alcançar seu objetivo de capturar a mente e o coração do seu leitor, siga quatro passos básicos:

Passo #1 - Comece com uma saudação, um cumprimento, uma frase que funcione como um despertador às quatro e meia da manhã. Seja criativo, faça referência a algum livro, filme ou música famosa, enfim, pergunte ao leitor o que um arenque tem a ver com

34

seu conteúdo. Se começar com uma pergunta, lembre-se de respondê-la mais tarde. Se for um gancho, termine o post completando a referência. Isto se chama "abrir e fechar um loop."

Passo #2 – Em seguida, apresente o objetivo do post: "Neste post eu vou te revelar como..." ou "Hoje você vai descobrir como triplicar sua audiência com...", ou ainda, "Você já parou para pensar que a hipnose pode...". Enfim, deixe claro o objetivo do seu post. Isto, além de manter a atenção, ajuda a qualificar seu público.

Então, responda logo no segundo parágrafo:

"Que problema ou curiosidade do seu leitor seu conteúdo pretende solucionar ou saciar?"

Passo #3 – Apresente o principal benefício do post logo em seguida: "um post engajado gera mais acessos para seus livros..." ou "gerar combustível usando bactérias é uma alternativa viável..." Lembre-se que benefícios não são características. Não é o prego, o martelo, nem mesmo o buraco na parede. Benefício é a sensação de olhar para o quadro pendurado.

É muito importante que estes três primeiros passos estejam contidos logo no início do seu conteúdo. Isto deve funcionar como um trailer de cinema cujo objetivo é "despertar" a atenção do espectador para o filme. Se você conseguir capturar a atenção do internauta nos 7 segundos iniciais do seu texto, tudo ficará mais fácil depois.

Passo #4. Satisfaça. Nem preciso dizer que o conteúdo a seguir precisa matar a curiosidade, resolver a questão, entregar o benefício que foi prometido.

Use palavras hipnóticas. Palavras hipnóticas são aquelas que remetem aos sentidos da visão, da audição ou cinestésicos. Por exemplo: "revelar" remete à visão, "ritmo" à audição, "fazer o coração galopar" à cinestesia, o conjunto de sensações que nos permite perceber os movimentos.

Alguns dados interessantes do mercado, segundo o Bufferblog, sobre tamanho:

1. 1600 palavras é o tamanho médio de um post de blog. Em 94% dos posts que são lidos, a leitura dura menos do que 6 minutos.

2. Seis palavras é o tamanho médio de um título de blog. A tendência é que as pessoas só leiam as três primeiras e as três últimas palavras do seu título. A vantagem de manter seu título com, no máximo, 60 caracteres é que ele não será cortado na hora da postagem nas redes.

Um conselho nos dois casos acima: antes de contar palavras, faça cada palavra contar.

No fim do post, não se esqueça de fazer referência a seus livros e produtos. Cheque se os links estão funcionando corretamente.

ESTRATÉGIA nº 10 – Faça Vídeos

Videos engajam e têm alto poder de persuasão. Crie um canal no Youtube e uma rotina de produção de vídeos. Grave um ou dois vídeos por semana – deixe claro as datas de suas atualizações - com dicas, avaliações de produtos, entrevistas e outros conteúdos relevantes para seu público, isto gera tráfego e audiência.

Crie vídeos dentro de sua área de atuação, dê dicas, faça reviews e seja reconhecido em sua expertise.

Seja breve. Quando digo breve, digo algo em torno de 1 a 3 minutos. Dizem que mantemos nossa atenção pela duração média de uma música dos Beatles: 2 minutos e 40 segundos. Uma análise feita com os 50 vídeos mais populares da história do Youtube levantou que eles tinham, em média, 2 minutos e 54 segundos.

Grave vídeos recheados de conteúdo e não um amontoado de histórias desinteressantes sobre você e seu livro. Use a técnica da Blog Hipnose para criar um roteiro engajador e que prenda seu espectador.

O ESTÚDIO CASEIRO DE VÍDEO

A produção de vídeos ficou muito barata. Hoje é possível gravar vídeos de qualidade com soluções bem caseiras. Seu estúdio precisa ter, ao menos:

1. Uma câmera básica ou smartphone que filme em HD.

2. Um microfone de lapela barato.

3. Uma parede branca ou pintada de verde claro, caso queira recortar o fundo e aplicar outra imagem ou vídeo sobre ele. Esta técnica é chamada Chroma-Key.

4. Boa iluminação. Procure no Youtube como fazer uma *softbox* para melhorar a iluminação dos seus vídeos. Você se surpreenderá com a criatividade das pessoas.

5. Um programa de edição, como o Camtasia, Adobe Première ou Sony Vegas, o meu preferido.

BOOK TRAILER

Crie um "Book Trailer", um trailer em vídeo do seu livro e coloque no Youtube e promova nas suas plataformas. Transmita o clima do livro, seja direto sem entregar o jogo e utilize uma boa trilha da qual possua direitos ou que seja *royalty free*. No final, coloque links e indicações de como comprar.

Você pode fazer um compilado de imagens, usar slides de Power Point ou até mesmo você falando diretamente para a câmera. O mais importante é entreter o leitor. Vídeo é entretenimento.

As dicas para obter mais retorno com um book trailer são:

1. Crie uma sinopse ou storyboard do book trailer.

2. Crie um gancho convincente para gerar interesse no leitor.

3. Use suas próprias imagens e trilhas ou licencie material com copyright.

4. Promova seu trailer. Utilize palavras-chave na descrição.

Ao subir o vídeo para o Youtube, lembre-se de colocar na descrição o link para seu site e utilizar tags relativas ao seu tema para qualificar a audiência e ajudar na viralização.

ESTRATÉGIA nº 11 – Use o Livro como Canal de Marketing

O e-book é um excelente gerador de leads para suas plataformas e outros livros. Faça referência a outros livros seus no seu texto, desde que tenham relação com o conteúdo do livro atual. Se não tiver, referencie-os no final do livro como um catálogo.

Inclua excertos, partes do texto ou um capítulo inteiro para promover outro livro seu. Isto funciona como quando você vai ao cinema e é exposto a trailers de outros filmes antes dele começar. A única diferença é que a melhor posição para um excerto é no final do livro.

Aliás, o final do livro é o melhor lugar para promover links externos, como seus canais, redes sociais e formas de contato.

DÊ PRESENTES

Uma técnica muito eficiente e não intrusiva para ampliar sua lista de e-mails é dar um presente. Pode ser um e-book complementar, um capítulo a parte, um infográfico, um relatório, informações adicionais, um guia ou qualquer outro tipo de arquivo que seja de interesse do leitor.

Por exemplo, no meu livro **"Não Ficção em 48 Horas"** dou uma mapa visual das horas em PDF para quem se cadastrar na minha lista.

O processo é bem simples:

1. Coloque um texto curto no começo do livro como forma de agradecimento pela compra e fale do presente, com um link externo para ele.

2. Ao clicar no link, convide o leitor a informar seu e-mail e diga que ele receberá o presente através dele.

3. Ao se cadastrar, um e-mail é disparado para o leitor com o arquivo para download.

4. Crie uma comunicação regular com este leitor após o cadastramento, seja através de *Autoresponders*, e-mails sequenciais pré-configurados, ou *Broadcasts*, e-mails

enviados pontualmente com novidades, promoções e informações.

5. Utilize uma ferramenta de gerenciamento de e-mails, como Aweber ou Mailchimp, para automatizar o processo de envio. Falaremos mais de e-mails nas estratégias 31 a 35.

Não transforme seu livro em um gerador de *leads*, o que pode passar uma impressão ruim para o leitor. Não seja um vendedor chato.

ESTRATÉGIA nº 12 – Crie Universos Paralelos

Que tal um e-mail para que o leitor entre em contato direto com seu personagem principal? Ou um perfil no Facebook ou no Twitter do seu vilão? Imagine uma história que continue em um vídeo no Youtube.

Em seu livro, "Eterna: O Som do Amor", a autora Bianca Sousa permite que o leitor acesse uma cifra com a música criada por seu personagem principal. O livro digital permite que você crie universos paralelos a seu livro.

Eva Zooks, autora de livros eróticos, posta fotos de modelos como avatares de seus personagens principais. O objetivo é estimular a imaginação, tornando a promoção do livro algo parecido com a divulgação de um filme. Algumas pessoas não gostam muito disto, preferem criar suas próprias imagens mentais, mas os leitores do segmento que Eva atua adoram.

Você também pode criar um software, um aplicativo, *mashups* colaborativos utilizando o Google Maps ou pensar em dezenas de formas de integrar sua história, seu conteúdo, com outros canais online e até mesmo off-line.

Não subestime o poder dos universos mirabolantes e paralelos. Estas iniciativas *cross-media,* se criativas e bem executadas, também podem gerar mídia espontânea para seu livro.

ESTRATÉGIA nº 13 – Seja uma Pessoa de Carne e Osso

Uma das causas de maior sucesso dos programas e revistas de celebridades e Big Brothers da vida é que pessoas gostam de ouvir, ler ou assistir histórias sobre pessoas.

Aqui vão algumas dicas para se tornar mais real para o seu leitor:

1. Participe de eventos públicos, faça uma noite ou uma tarde de autógrafos. Não se prenda às livrarias. Se você escreveu um livro sobre fitness, por que não fazer a sessão de autógrafos em uma academia?

2. Dê entrevistas para meios de comunicação e para parceiros. Programas de rádio e TV estão sempre procurando convidados para entrevistas.

3. Dê uma palestra gratuita em uma associação ou para grupos relacionados ao seu nicho. Distribua panfletos ou venda versões impressas do seu livro na porta pessoalmente.

4. Se você atua em um nicho de não ficção, faça a cobertura de um evento importante na sua área de atuação. Vá para o evento, cubra o máximo possível dele com tweets, posts, fotos, faça networking antes, durante e após o evento e, o mais importante, avise a todos que a cobertura completa estará no seu site em tempo real ou logo depois do final do evento.

5. Compartilhe algumas histórias pessoais ou fatos da sua vida nos seus canais e redes sociais. Nossos neurônios espelhos gostam de saber que do outro lado tem alguém que leva uma vida mais ou menos normal como a nossa.

Você não precisa escancarar sua privacidade como fazem algumas das subcelebridades que infestam os veículos de comunicação nos dias de hoje, mas faz bem para sua marca que você seja uma pessoa de carne e osso, que exista, e não um robô ou um ermitão incomunicável.

43

ESTRATÉGIA nº 14 – Tenha um Plano de Conteúdo

Nada é mais importante para se executar algo do que ter um plano. Você pode até abandoná-lo ou desviar do caminho que planejou, mas o fato de ter um guia para apoiar é fundamental para o sucesso das suas estratégias de conteúdo.

Para mim, não inventaram nada melhor para isto do que uma agenda. Faço uma agenda semanal das minhas atividades e planejo o meu conteúdo em períodos bimestrais. Sei qual será meu post daqui a oito semanas. Uma boa ferramenta de agenda é o Google Calendar. Nele, você pode estabelecer uma cor de rótulo para cada canal.

O ideal é que você faça isto para cada canal de comunicação da sua plataforma: crie uma agenda e planeje os conteúdos que irá criar e publicar. Vejamos alguns exemplos:

EMAILS

Como vimos, existem dois tipos de e-mails: *autoresponders* e *broadcasts*. No primeiro caso, planeje os e-mails que serão enviados automaticamente para sua base em um período de dois meses. Comece com dois ou três emails na primeira semana, reduza para dois na segunda e um por semana a partir da terceira semana. Caso surja alguma comunicação extra de última hora ou algum evento importante, envie um *broadcast*. Falarei com mais detalhes sobre *autoresponders* e *broadcasts* nas estratégias de e-mail.

BLOG / VÍDEO / PODCAST

Planeje seus próximos oito posts de blog, vídeos e/ou podcasts hoje. Sente-se, abra sua agenda, escolha uma data da semana – quarta-feira, por exemplo – e, em cada uma das próximas oito quarta-feiras, insira o tema do conteúdo daquele dia. Produzir na quarta-feira não significa que você tenha que publicar na quarta-feira. Particularmente, gosto muito da técnica dos três dias: produza no primeiro dia, refine no segundo, publique no terceiro. Isto te dá tempo para aprimorar o conteúdo e corrigir possíveis erros. Em tempo: algumas pessoas preferem usar somente o vídeo e o postam no blog com a transcrição ou um texto curto em volta. Faça o que for melhor para seu público.

WEBSITE

Um website desatualizado é um website morto. Faça um website que permita que você mesmo possa atualizar o conteúdo. Como seu conteúdo estará no blog, nas redes, no Youtube, o ideal é que seu website atualize automaticamente estes conteúdos assim que eles entrarem no ar.

REDES SOCIAIS

Divido meus posts em três categorias: conteúdo, notícia, motivação. Os posts de conteúdo acompanham a agenda do Blog, do Youtube e do Podcast. As notícias são postadas o mais rápido possível depois que acontecem. Os conteúdos motivacionais são criados em leva, ou seja, em uma tarde posso criar cinco ou mais imagens com frases bacanas para postar de vez em quando. Elas têm um grande efeito viral. Não se esqueça de colocar o link do seu site nelas. De vez em quando, republique conteúdos antigos em horários alternativos.

Algumas vezes, para gerar tráfego, é preciso estar atento às tendências. Configure um Google Alerta para seu nome, seu livro, seu blog, website etc. Isto também ajuda a descobrir quando as pessoas estão falando de você e o que elas estão dizendo, o que pode servir para inspirar novos conteúdos e intervir com comentários.

ESTRATÉGIA nº 15 – Fique atento para Design, Usabilidade e SEO

Design, usabilidade e SEO são três estratégias importantes em todos os seus canais de comunicação. Imagens atraentes, interfaces simples e fáceis de usar aumentam os *page-views*, as impressões de página, e evitam o *bounce*, aquele visitante que abre a sua homepage e pula fora em menos de dois segundos por achá-la desinteressante, pouco atraente ou muito ruim mesmo.

O design é essencial para construir autoridade, passar confiança e gerar credibilidade. Uma identidade visual de qualidade aliada a conteúdo de qualidade vai contribuir para uma boa experiência de uso, o que significa que o leitor passará mais tempo em seu site ou blog e percorrerá mais páginas deles.

Minha sugestão é que você faça um *benchmark* de sites dentro do seu nicho no Brasil e no mundo e contrate um webdesigner freelancer. Você encontra profissionais muito bons em sites como Workana, Fiverr e 99Designs. Em alguns destes serviços você pode contratar o serviço completo de design e integração com o WordPress, por exemplo. O investimento varia de acordo com a qualidade do profissional.

Outro fator importantíssimo é o SEO, acrônimo de *Search Engine Optimization* ou Otimização de Buscadores, fundamental para a "encontrabilidade" do seu site ou blog. Existem diversos livros e conteúdos sobre o assunto, mas que acabam obsoletos rapidamente, pois os buscadores mudam seus algoritmos como se fossem roupas.

Minhas dicas aqui são:

1. Cuide do básico da otimização - títulos, palavras-chave, imagens e conteúdo.

2. Obtenha *backlinks* de qualidade. *Backlinks* são sites ou blogs que direcionam para seu site ou blog.

Aplique também as variáveis de design, usabilidade e encontrabilidade ao universo mobile. Como está o visual, a usabilidade e a otimização nos buscadores do seu site móvel? O formulário de cadastramento de e-mails se adapta ao tamanho da tela? O conteúdo e as imagens são adaptados para mobile? Pense nisto. O acesso móvel hoje já é superior ao acesso via desktop e não levar estes usuários em consideração é deixar dinheiro na mesa.

ESTRATÉGIA nº 16 – Integre tudo com as redes sociais

Algumas pessoas hoje passam mais tempo no Facebook do que fora dele. Não dá para negar que as redes sociais transformaram a forma como nos relacionamos. Desta forma, seu blog, website, email e outros canais precisam estar conectados e serem promovidos no Facebook, Twitter, Linkedin, Instagram, Pinterest, Tumblr e qualquer outra rede que faça parte de sua estratégia de conteúdo.

As dicas fundamentais aqui são:

1. Incentive o compartilhamento. Coloque botões em todas as páginas do seu blog e website. Mencione suas redes sociais no final de seus vídeos e podcasts.

2. Coloque links para elas no rodapé de seus e-mails.

3. Promova sua newsletter nas redes sociais.

4. Cultive com carinho seus fãs e seguidores.

ESTRATÉGIA nº 17 – Seja Participativo!

O título desta estratégia é autoexplicativo. Saia de trás da sua mesa, saia da sua zona de conforto, deixe seu mundo um pouco de lado e olhe para os outros. Participe de grupos de Facebook e Linkedin e dos fóruns de discussão relacionados ao seu público-alvo.

Participe como convidado em blogs parceiros, comente e interaja em outros blogs. Mostre seu ponto de vista em grupos, comunidades e fóruns. Desenvolva parcerias online e off-line entregando valor antes de esperar algo em troca.

Não seja chato, seja útil!

ESTRATÉGIA nº 18 –Viralize!

Graças à velocidade da informação hoje, você pode espalhar uma ideia como pólvora, seja na forma de um livro, de um vídeo, de um post ou qualquer outra coisa digital. Você tem poder de criar um vírus, por isto, este tipo de ação é chamado de Marketing Viral.

A Internet nos deu a capacidade de alcançar os pontos mais longínquos da terra, mas sabemos que não é fácil viralizar um conteúdo, mesmo com este poder.

COMO CRIAR UM VIRAL?

1. Crie uma mensagem que tenha apelo para pessoas com potencial de conexão social, o alvo perfeito para viralizar sua mensagem. Grave um vídeo com alto poder de engajamento, com visual memorável e que seja de extremo interesse.

2. Direcione para pessoas que conhecem a fundo o seu tema. Hashtags são ótimos veículos para isto.

3. Dispare no momento certo. Bingo!

Parece fácil, não? Não, não é. O humor da Internet é indomável e não adianta forçar a barra.

O importante não é criar uma mensagem pensando se ela vai viralizar ou não. O importante é focar na criação de conteúdo que valha a pena compartilhar e apresentá-lo às pessoas certas dentro de um contexto e momento propícios.

Se ela vai viralizar ou não, vai depender do humor da grande massa. Quanto mais relevante e valorosa for a percepção de seu conteúdo, mais chances ele terá de se espalhar. Conhecer sua audiência é um ponto crítico para criar conteúdos que viralizem.

ESTRATÉGIA nº 19 – Contrate uma assessoria de imprensa

Se você quer ir mais longe na sua estratégia de lançamento, considere a contratação de uma assessoria de imprensa. Além da divulgação do livro, um trabalho bem feito de assessoria pode gerar convites para entrevistas em veículos de mídia e para a participação em eventos.

Se a verba é curta, escreva você mesmo um Press Release e distribua pelos sites e blogs especializados em Relações Públicas, como o Dino, Teia, Dito pelo Maldito, entre outros.

Um bom Press Release deve informar qual é a notícia, por que se trata de uma boa notícia, descrever o aplicativo e sua proposta de valor, a quem se destina e informar qual a fonte da notícia, neste caso, incluir suas informações de contato. Se você escreve não ficção, disponibilize informações importantes e tendências sobre seu público e dados de mercado.

DICAS PARA ESCREVER UM BOM PRESS RELEASE

Assim como um post de blog, escrever um Press Release decente tem seus mistérios. Aqui vão algumas dicas:

1. Escreva um título atraente. Reveja as dicas para criar títulos de blogs e use-as. Você precisa chamar atenção, prometer algo grande. Lembre-se de cumprir a promessa no texto.

2. Vá direto ao ponto no primeiro parágrafo. Qual é o objetivo? Por que o repórter deveria se interessar por aquilo? Lembre-se que repórteres buscam boas histórias antes de produtos, seja um livro ou não.

51

3. Inclua números, posição em rankings, prêmios ou qualquer outra informação que dê credibilidade.

4. Faça-o à prova de erros. Sim, faça uma revisão drástica. Repórteres são extremamente sensíveis a erros gramaticais ou ortográficos.

5. Inclua citações suas, pequenos trechos ou frases poderosas do livro.

6. Coloque suas informações de contato.

7. Mantenha tudo em uma única página, duas no máximo.

8. Inclua links ou meios para obter mais informações.

9. Se possível, envie uma cópia impressa de presente.

Você também pode contatar jornalistas especializados, que trabalham em meios de comunicação voltados para o seu nicho, apresentar-se e fazê-los saber que você está disponível para entrevistas e para comentários sobre o mercado em que atua.

Um trabalho bem feito promove sua marca através de notas e notícias em veículos especializados, além de abrir espaço para entrevistas, participação como convidado especial em programas de Rádio ou TV e convites para eventos.

ESTRATÉGIAS PARA ALCANCE DE FÃS

A primeira parte deste grupo de Estratégias de Alcance teve como objetivo gerar tráfego para seu blog e website. Agora, partimos para a aquisição e multiplicação de fãs e seguidores nas redes sociais. Como já foi dito com relação ao e-mail, do outro lado do quadradinho em JPEG da foto de um perfil, existe uma pessoa. Cuide bem de seus fãs.

Redes sociais também tomam tempo. Ter uma estratégia de canais e uma agenda de conteúdo e relacionamento vai te ajudar a economizar tempo e dinheiro. Lembre-se da Regra de Paretto. Priorize os tempos produtivos, organize-se para não se perder em atividades que não te geram retorno.

ESTRATÉGIA nº 20 – Faça posts patrocinados

Na Estratégia nº 8 falamos no Facebook de anúncios para gerar audiência. Pois bem, uma das formas mais eficientes de anunciar nas redes sociais é o Post Patrocinado. Por quê? Porque anúncios geralmente são focados em vender alguma coisa para alguém antes de entregar algo de valor e, neste caso, é o contrário.

Então, você cria um post de blog ou um vídeo com um conteúdo de alto valor, posta em sua fan page e promove o post cuidando para que ele seja exibido para uma audiência baseada em seu público-alvo. Bingo! Seu conteúdo explode pelas *timelines* alheias de forma instantânea, gerando curtidas, compartilhamentos e comentários.

E você não precisa gastar muito com isto. Você pode promover um post investindo o valor que você achar que pode e deve. Já que o objetivo aqui é vender livro, cuide para que no seu post ou no seu vídeo, ele apareça de alguma forma, seja incluído no contexto do próprio conteúdo, seja no final, com link e um Call-To-Action irresistível.

ESTRATÉGIA nº 21 – Use #hashtags

Eu odeio hashtags. A grande maioria é mal utilizada, sem contar que truncam a leitura e enfeiam o texto. No entanto, ainda não inventaram nada melhor para divulgar algo gratuitamente para mais pessoas além do seu círculo de amigos no Facebook, Twitter ou Instagram.

Mas não caia na armadilha de ficar pensando em possíveis hashtags para utilizar na promoção do seu livro sobre emagrecimento sem sair de casa. Você perderá tempo e não será tão efetivo.

Uma das melhores ferramentas que conheço para isto é o Top Hashtags (top-hashtags.com). Além de retornar uma lista com palavras relacionadas à busca, ainda traz outras que são tendência nas redes naquele momento e que têm a ver com seu público.

Por exemplo, uma busca por hashtags para "emagrecer" hoje, retorna:

#vivendomagra #acreditabonita #foconadieta

#reeducaçãoalimentar #saudávelparasempre

#comidasaudável #primalbrasil #projeto_jujumagrinha

#projetovidasaudável #exorcizeaalmagorda #saudável

#paleobrasil #bymarinafit #blogdadrika #dietasemsofrer

#embuscadocorpoperfeito #projetovidatoda

#amominhadieta #emagrecer #projetobarriganegativa

#dietaeterna #alimentaçãosaudável #vidasaudável

#comidadeverdade #ra #emagrecendo #blogdamimis

#focoforçafe #weightwatchers360 #somosvigilantes

O resultado da busca pode ser diferente amanhã ou daqui a pouco quando você tentar.

Copie as hashtags e cole-as em seu post. Recomendo que use de três a cinco delas no Facebook, duas a três no Twitter e todas juntas no Instagram.

ESTRATÉGIA nº 22 – Utilize a força de venda dos amigos e fãs

Nós falamos anteriormente de viralização, no poder que uma notícia, um vídeo, um post têm de se espalhar através das redes sociais. Da mesma forma, você pode utilizar este poder para ampliar seu número de fãs.

As formas de se fazer isto são:

PERFIS PESSOAIS

1. Convide seus amigos para curtirem sua *fan page* e para os eventos que você criar no Facebook. Neste último caso, apenas atente-se para a localização do amigo, caso seja um evento físico.

2. Envie uma mensagem *inbox* para seus amigos. Aqui vale a dica da participação em fóruns e grupos: seja útil, não seja chato. Uma forma mais eficiente de fazer isto é agrupar seus amigos por interesse e enviar mensagens customizadas para cada grupo: família, amigos da faculdade, amigos da associação etc. No Google+, você pode organizar quem te adiciona em Círculos.

3. Peça a amigos e seguidores que compartilhem seu conteúdo, seja ele informativo ou promocional.

4. No Twitter, adicione perfis que tenham relacionamento com seu público. De cada seis pessoas que você seguir, em média, uma vai te seguir de volta. Utilize esta estratégia para aumentar seus seguidores.

5. Use *hashtags*.

Alguns fãs vão te adicionar em seu perfil pessoal do Facebook. Muita gente tem receio de adicionar pessoas que não conhecem em seus perfis pessoais e é bom que tenham. Mas existe uma forma de usar isto para o bem de suas publicações. Primeiro, agrupe os amigos mais chegados e familiares em grupos específicos e, quando quiser postar algo privado, direcione exclusivamente para eles. Segundo, dê uma olhada no perfil da pessoa, confira o tempo que ela está no Facebook, veja se tem amigos em comum e também cheque se ela não anda adicionando muitos amigos seus em sequência. Terceiro, use seu *feeling*.

PÁGINAS

Você pode ampliar o número de fãs de sua página de forma orgânica, ou seja, sem pagar por isto. Aqui vão algumas técnicas:

1. Crie uma aba para não fãs na sua fan page e coloque-a como *default*. Ofereça um conteúdo exclusivo, uma isca, para que as pessoas curtam e se tornem fãs.

2. Como já foi dito, inclua seus links sociais em seus e-mails. Envie, de três em três meses, um e-mail para sua base falando de suas redes, em especial quando você fizer uma promoção ou um lançamento.

3. Poste conteúdo de valor e peça para que seus fãs e seguidores compartilhem.

4. Transforme compradores em fãs: coloque os links sociais em seus livros.

ESTRATÉGIA nº 23 – Faça Concursos e Promoções

Concursos e promoções ajudam a ampliar o engajamento, o boca a boca e o número de fãs. Porém, alguns cuidados são necessários para não infringir as regras que cada rede impõe quando o assunto é promoção.

Leia antes os *guidelines* de cada rede onde fará a promoção ou concurso. Considere as seguintes políticas:

1. Permita que todo mundo participe de graça. Deixe isto claro.

2. Não atrele a participação a qualquer tipo de compra. Deixe isto claro.

3. Coloque o valor dos prêmios. Atente-se para regulamentações da Receita Federal sobre promoções e concursos.

4. Crie um regulamento e publique-o como uma página no seu site ou nota.

5. Não mude as regras depois que o concurso ou promoção começar.

6. Use "participe e concorra" e não "participe e ganhe", caso haja algum tipo de sorteio.

Um modelo de concurso com grande poder de alcance para autores é o da foto com o livro. Funciona da seguinte forma:

1. Peça aos fãs que postem uma foto deles lendo seu e-book (sim, uma foto dele lendo seu livro no Kindle) ou livro impresso em suas redes sociais.

2. Peça que eles enviem o link do post para seu e-mail para validação.

3. Dê uma recompensa para quem participar. Pode ser um artigo exclusivo, um outro livro gratuito ou até mesmo um encontro com você – ao vivo ou via Skype - para o participante com o post mais comentado.

ESTRATÉGIA nº 24 – Posts que engajam trazem mais fãs

Perguntas engajam e engajamento amplia o alcance. Então, faça perguntas e enquetes em suas redes e seja criativo. Aqui vai uma lista com alguns tipos de conteúdo que geram mais participações do que um simples post com texto:

1. Poste uma foto interessante e peça para os fãs criarem uma legenda.

2. Publique uma imagem com uma citação e faça uma pergunta relativa à citação ou ao autor dela no texto do post.

3. Peça para os fãs completarem a ideia do post: "A primeira coisa que passa pela sua cabeça quando você pensa em um livro é _____."

4. Poste algo engraçado.

5. Faça uma pergunta direta: "No livro [NOME DO LIVRO],com qual personagem você mais se identifica?"

6. Faça uma pergunta que atice: "Se você tivesse que levar um único livro para uma ilha deserta, que livro seria?"

7. Faça perguntas que começam com "Você se lembra quando..."

8. Use a técnica da dupla sentença que resolve um problema: "A forma mais eficiente de emagrecer: coma menos em intervalos menores".

9. Peça *likes*: "Curta se você ama Harry Potter".

10. Não, não utilize o "curta ou compartilhe" em um post.

ESTRATÉGIA nº 25 – Tenha uma estratégia de canais

Cada canal social tem um propósito para seus usuários, eles não são iguais. Se você publica o mesmo post no Facebook, no Linkedin e no Twitter, você está perdendo.

As pessoas usam o Facebook para se conectar com seus amigos, o Linkedin para se conectar profissionalmente, o Twitter para acompanhar a vida em tempo real, o Pinterest para se conectar com coisas que os fazem felizes. Desta forma, assumir que seu post pode ser aplicado para todos estes cenários da mesma maneira é uma falha.

Se você é um autor que leva o marketing a sério, vai subir na boleia do caminhão e ir onde o público está. O conselho de ouro aqui é: foco!

Crie perfis nas grandes redes – Facebook, Twitter, Google+, Linkedin - e inclua outras redes menores de acordo com o perfil do seu público-alvo. Poste de acordo com o perfil de cada uma delas. Entre as menores (algumas não tão menores assim!), sugiro que autores prestem especial atenção ao Instagram, Vine, Pinterest e SlideShare.

A estratégia de canais também possui outras variáveis, como o melhor horário para postagem e o tamanho/duração do post. Apesar de serem variáveis bastantes técnicas, elas têm impacto significativo no engajamento com o post. Não se iluda com dados de outros autores ou editoras, pois estas informações variam por tipo de mercado, nicho e segmento.

O ideal é que você acesse os relatórios que todas as redes fornecem para definir o melhor ou os melhores horários e dias para publicar seu conteúdo.

Com relação ao tamanho e duração dos conteúdos, sou da crença que cada conteúdo precisa ter o tamanho suficiente para que a mensagem seja compreendida. No entanto, existem estudos que relacionam o nível de engajamento com o tamanho do conteúdo:

FACEBOOK – Posts com menos de 80 caracteres, engajam 66% mais. Posts com até 40 caracteres têm engajamento 86% maior do que posts mais extensos.

TWITTER – Tweets com menos do que 100 caracteres engajam 17% mais em média. Tweets entre 70 e 100 caracteres são os mais retuitados.

GOOGLE+ - 60 caracteres é o recomendado. Faça com que o título caiba em uma linha.

LINKEDIN – Mantenha o título abaixo de 70 caracteres e a descrição com até 250 caracteres.

SLIDESHARE – Suba apresentações de 6 minutos e com, no máximo, 60 slides.

No próximo capítulo, você vai descobrir algumas estratégias para se relacionar melhor com seu público.

Estratégias de Alcance - Principais Lições

PARA AMPLIAR A AUDIÊNCIA DO SEU BLOG E WEBSITE

- Anuncie!
- Torne-se um blogueiro frequente e participativo.
- Use todo o poder de persuasão do vídeo e propague sua mensagem. Crie um canal no Youtube.
- Utilize seu livro como canal de marketing: coloque links para suas redes, capture e-mails e promova outros livros.
- Crie Universos Paralelos em relação ao conteúdo do seu livro. Utilize o poder do mundo digital para criar mundos incríveis com seu conteúdo.
- Levante-se da cadeira e participe de eventos públicos.
- Desenvolva um Plano de Conteúdo.

- Desenvolva seu website e blog com foco em design, usabilidade e encontrabilidade (SEO).

- Cuide para que seu website, blog e e-mail tenham integração total com as redes sociais.

- Participe de grupos, comunidades e fóruns de discussão na sua área. Seja útil, não seja chato.

- Faça Assessoria de Imprensa. Contrate uma assessora, o que é mais indicado, ou faça você mesmo se a verba for curta.

PARA AMPLIAR O NÚMERO DE FÃS NAS REDES SOCIAIS

- Posts patrocinados fazem melhor uso do seu dinheiro em anúncios sociais.

- Não subestime o poder das #hashtags.

- Amigos e fãs são grandes vendedores. Utilize esta força de vendas.

- Engaje mais e, com isto, aumente o número de fãs com perguntas e posts que fazem seu público pensar.

- Tenha uma estratégia de canais de acordo com seu público-alvo. Canais variam em propósito, melhores períodos de postagem, formato e duração de conteúdo.

Estratégias de Relacionamento

Vender é uma questão de relacionamento. As pessoas compram muito mais de quem elas confiam. Portanto, antes de pensar em vendas, pense em como você pode se relacionar melhor com seu público, com seu fã, com seu leitor.

Existem diversas teorias sobre vendas no mercado. Uma delas diz que as pessoas só compram após o sétimo ponto de contato com sua marca. É claro que existe amor à primeira vista, mas a taxa de conversão é muito mais baixa do que a do amor no segundo, no terceiro, no sétimo encontro.

As estratégias a seguir têm como objetivo te revelar como criar relacionamentos mais fortes e duradouros e, com isto, vender mais seus livros e produtos.

ESTRATÉGIA nº 26 – Crie uma Lista de E-mails

O e-mail não está morto. Nem vai morrer tão cedo, muito pelo contrário. Em 2013 existiam 3.9 bilhões de contas de e-mail no mundo, segundo pesquisas do Radicati Group. Em 2017, chegaremos a 4.9 bilhões de contas. Para cada US$1 investido em e-mail marketing, o retorno médio é de US$44.25. 91% dos consumidores utilizam o e-mail pelo menos uma vez por dia. Portanto, o e-mail está mais vivo do que nunca e é o melhor canal de vendas para um autor independente hoje.

Além disto, o número de e-mails em sua lista tem uma diferença crucial em relação ao número de fãs em sua *fan page*, ao número de seguidores em seu perfil do Twitter, ao número de assinantes do seu canal do Youtube: eles são 100% seus. Sua lista de fãs pertence ao Facebook, seus seguidores pertencem ao Twitter, seus assinantes pertencem ao Youtube. Se eles alteram qualquer ponto em suas políticas de uso, isto pode impactar suas vendas e relacionamentos de uma forma muito séria.

Portanto, crie e cultive uma lista de e-mails, ela será seu maior ativo digital. Existem diversas ferramentas para isto no mercado como Aweber, MailChimp, Get Response, KlickMail, entre outras. Qual a melhor? Ferramentas de e-mail são como automóveis, cada um vai preferir e defender o seu. Eu utilizo o Aweber e o MailChimp e estou satisfeito com ambas.

Ainda com relação a ferramentas, você precisa estar atento para um dado importante: a taxa de entregabilidade de cada uma delas, ou seja, a capacidade de entregar cada e-mail na caixa de entrada de cada um dos integrantes da sua lista. Diversas variáveis contribuem ou prejudicam esta taxa e aqui vão algumas dicas para mantê-las em níveis decentes:

1. Nunca importe uma lista que não seja sua. Algumas ferramentas nem permitem que você importe listas.

2. Nunca envie SPAM, mensagens indesejadas. Envie e-mails somente para pessoas que optaram por receber e-mails seus e, de preferência, com duplo *opt-in*. Duplo *opt-in* são aqueles e-mails que requerem confirmação antes do envio das mensagens seguintes.

3. Peça aos seus destinatários que respondam a uma pergunta em seu e-mail. Isto faz com que os grandes provedores de e-mail, como G-Mail, Yahoo e Hotmail, entendam que existe uma conversa e não se trata apenas de uma via de mão única.

4. Peça aos seus destinatários que adicionem seu e-mail de envio aos contatos deles para evitar que sua mensagem vá parar nas caixas de SPAM ou promoções.

5. Sempre deixe claro que é fácil se descadastrar, com link para isto no rodapé de todas as suas mensagens.

Existem duas formas de enviar e-mails: os *autoresponders*, ou esteira de e-mails, e os *broadcasts*, envios manuais de mensagens pontuais.

AUTORESPONDERS

Autoresponders são usados para automatizar o relacionamento, pelo menos nos primeiros contatos. Você cria as mensagens e as organiza em sequência no período que achar mais conveniente.

Por exemplo, ao se cadastrar em sua lista, é disparada a mensagem de boas vindas. Um dia depois, é enviado o segundo e-mail da sequência com uma informação muito útil para seu público. No dia seguinte, segue o terceiro e-mail e por aí vai.

O ideal é que na primeira semana de contato sejam enviados pelo menos quatro e-mails, número que pode ser reduzido nas duas semanas seguintes. Não venda nada antes do terceiro e-mail. Crie uma relação antes. Eu, por exemplo, tenho configurado uma sequência de e-mails de dois meses para cada uma das minhas listas.

Uma esteira de e-mails também pode ser utilizada para vender produtos de parceiros que tenham afinidade com seu público.

BROADCASTS

Broadcasts são e-mails enviados em datas especiais ou com alguma informação ou evento importante. Neste caso, você pode enviar para todas as listas ao mesmo tempo, agendar a hora de envio e reenviar para quem não abriu na primeira vez. Sim, as ferramentas de e-mail estão cada vez mais completas, fornecendo relatórios e funcionalidades para aumentar as taxas de abertura e de cliques.

Utilize os *broadcasts* em promoções, lançamentos, descontos, para promover um novo post de blog ou vídeo no Youtube e outras datas especiais do seu calendário promocional de escritor. De qualquer forma, dispare somente quando tiver algo realmente relevante para seu público, não envie bobagens nem tome o tempo do seu leitor.

CAPTURA

Capture e-mails em todos os seus canais. Coloque formulários – as ferramentas tornaram isto muito fácil – em seu website, no seu blog, incentive o cadastramento em seus vídeos e em suas redes sociais.

Sabe o ditado que diz que "é dando que se recebe"? Você vai cadastrar muito mais pessoas em sua lista se der algo de valor em troca de seus dados de contato. Um e-book, um mini curso, um vídeo exclusivo, enfim, algo que seja muito útil para seu fã ideal.

SEGMENTAÇÃO

As boas ferramentas do mercado também permitem que você segmente sua lista, algo que vamos aprofundar mais na estratégia n°

35. Aqui, o importante é saber como categorizar os integrantes de sua lista e organizá-los por perfil. Basicamente, organizo minha lista por (1) prospectos, (2) experimentadores, aqueles que baixaram um e-book ou um presente grátis, (3) compradores – eu os divido em eventuais e regulares, e (4) defensores, aqueles clientes que gostam tanto de você e de seus livros que se tornam embaixadores do seu nome e vendedores de seus livros.

As três taxas que você precisa se preocupar com relação a e-mails são: entregabilidade, abertura e cliques. Estas taxas variam muito de acordo com o nicho e também com o nível de "aquecimento" da lista. Uma lista aquecida é uma lista cujo relacionamento está a todo vapor, com usuários engajados que leem e clicam nos links enviados no corpo do e-mail.

Basicamente, você aumenta a taxa de entregabilidade seguindo as dicas que dei na primeira parte desta estratégia, aumenta a taxa de abertura usando títulos tentadores – siga também as dicas de criação de títulos para seu blog – e aumenta a taxa de cliques com uma mensagem convincente. O uso de técnicas de *Copywrite* em seu e-mail é altamente recomendado.

Então, construa com persistência sua base de e-mails, alimente-a com conteúdos de muito valor. Nos próximos lançamentos você terá um canal de vendas cada vez mais consolidado e caberá a você mantê-lo aquecido para que as taxas de abertura, cliques e conversões sejam satisfatórias.

ESTRATÉGIA nº 27 – Interaja com seu público

Esta estratégia é simples, mas de grande valor. Responda todos os e-mails que chegarem de seus leitores, as mensagens e comentários de seus fãs nas redes sociais, os comentários no seu blog, os contatos através do seu website.

Minhas dicas aqui são:

1. Se for um problema, resolva.

2. Se for um elogio, agradeça.

3. Se for uma crítica construtiva, agradeça e tome-a como conselho.

4. Ignore as críticas destrutivas. Ignore os *trolls*, cujo único objetivo é gerar mal-estar. O budismo diz que existem três níveis de existência: a ignorância, a paixão e a bondade. Seja bondoso, no máximo, um apaixonado. Deixe os ignorantes falando sozinhos. Como dizia minha mãe, "o que é do homem o bicho não come".

5. Aos bondosos e apaixonados, responda em até 48 horas, no máximo. Mantenha o foco em quem gosta de você. Aliás, escreva e mantenha contato com eles, pois serão seus defensores.

71

ESTRATÉGIA nº 28 – Incentive o engajamento multicanal

Esta estratégia é simples e extremamente poderosa. Ela também é chamada de "engajamento quádruplo". Por que ela está aqui em Relacionamento e não em Alcance, apesar de ser uma excelente forma de ampliar sua audiência e fãs? Porque mais do que gerar tráfego, ela fortalece a credibilidade, um dos ingredientes principais dos relacionamentos. Funciona assim:

1. Crie um vídeo com conteúdo de alto valor.

2. Embede o vídeo em um post do seu blog, coloque um título com apelo e escreva algumas linhas que aticem a curiosidade sobre o conteúdo.

3. Poste o link do post do blog em seus canais sociais, principalmente em sua Fan Page no Facebook. Se quiser amplificar o poder do post, promova-o.

4. Envie um *broadcast* para sua lista de e-mails e coloque o link do post no Facebook no corpo do e-mail para as pessoas acessarem.

O resultado é o seguinte: você fortalece seu relacionamento por e-mail, fortalece seu relacionamento na fan page, no blog e no seu canal do Youtube - mata quatro coelhos com uma cajadada só - e ainda engaja mais e amplia seu alcance. Você pode variar e testar também o "engajamento triplo", onde posta o vídeo do Youtube direto em sua *fan page*. É ou não é uma estratégia poderosa?

ESTRATÉGIA nº 29 – Faça Alianças e Parcerias

Uma boa forma de acelerar o crescimento de sua base é estabelecer alianças com parceiros que tenham afinidade com seu nicho. Por exemplo, se seu primeiro objetivo é ampliar a base de e-mails, você pode buscar um parceiro forte dentro do seu segmento que já possua muitos e-mails em sua lista. Este é o motor dos programas de afiliados.

Você pode criar, por exemplo, um código promocional que somente os leitores indicados por seu parceiro poderão utilizar para obter um desconto ou baixar gratuitamente seu livro.

Escambo é a forma comercial mais antiga da humanidade. Pensem em como vocês podem ganhar juntos e não percam tempo tentando reinventar a roda.

Um parceiro fundamental para o escritor é a própria Amazon (https://associados.amazon.com.br). Cadastre-se para se tornar um Associado Amazon e, sempre que indicar um livro, utilize seu link de parceiro. Não dá para pagar muitas contas com isto, mas é mais uma receita de royalties em caixa. Outro local para buscar parceiros para a venda de e-books e infoprodutos é o Hotmart. (http://www.hotmart.com.br), plataforma de produtos de afiliados.

Aliás, se você escreve não ficção e quiser ampliar suas receitas, crie cursos para seu nicho e venda através do Hotmart.

SÓ RECOMENDE QUEM VOCÊ CONFIA

Aqui também não é preciso estender muito. Se você pretende ganhar dinheiro com afiliados, só promova produtos que você confie e livros que tenham te transformado. Caso contrário, passará a impressão de que vender é mais importante do que ajudar, impressão que geralmente causa descadastramentos, comentários negativos e outros ruídos.

O objetivo disto é claro. Se você recomenda alguém que deixa a desejar na entrega, sua reputação também pode sair chamuscada. Afinal, reputação também é um item importante de qualquer relacionamento.

ESTRATÉGIA nº 30 – Conheça os desejos do seu público

Seth Godin, um dos papas da usabilidade e do *design thinking*, diz que "o futuro das publicações estará na criação de conexões com leitores e no conhecimento do que eles querem". Já vimos como fazer e fortalecer conexões, agora vamos mergulhar no conhecimento.

Se você seguiu a risca a estratégia fundamental nº 5, já tem uma ideia do perfil do seu público. Mas isto não basta, já que público é uma variável em movimento. Tudo muda o tempo todo no mundo, incluindo as pessoas, seus desejos e necessidades.

Por isto, recomendo que faça periodicamente uma pesquisa de opinião com seu leitor. A ferramenta com o melhor custo-benefício que conheço para isto é o formulário do Google Drive. Crie uma pesquisa entre um lançamento e outro, pergunte o que as pessoas acharam do último livro e o que esperam do próximo, pergunte o que elas querem saber mais, descubra o que mudou em suas necessidades e anseios.

Neste ponto, você já solucionou muitos problemas do seu leitor ou já o cativou com uma trama envolvente. E agora? O que ele espera de você? Uma continuação da história ou uma nova história? Um livro aprofundando o tema anterior ou sobre um tema diferente?

Nossos instintos mais básicos resumem-se em evitar a dor e a buscar o prazer. As dores mudam, os prazeres também.

EVITAR A DOR

Procure sempre saber qual é o principal medo do seu leitor. Se você pensa que esta informação só funciona para livros de não ficção, está redondamente enganado. Se o principal medo do seu leitor tem a ver com seu relacionamento, um romance em que ele identifique sua situação com a de um personagem engaja e transforma.

Descubra quais são suas preocupações, o que o faz perder o sono, qual é o seu principal problema. Escreva um livro que alivie estas dores.

BUSCAR PRAZER

Quando não estamos tentando sobreviver, estamos buscando formas de nos entreter, de nos divertir, de obter prazeres físicos, mentais, espirituais. O que faz você feliz? Um hobby, sua profissão, seu cachorro, comer, rezar, amar? Qual é o seu maior sonho hoje? Qual é o seu maior desejo atual? Escreva um livro que proporcione um ou mais destes prazeres e faça seu leitor mais feliz.

No próximo capítulo, vamos ao que interessa: vender!

Estratégias de Relacionamento - Principais Lições

- O e-mail é o melhor canal de vendas para um autor independente. Construa uma lista e se relacione bem com ela.
- Interaja com seu público em todos os canais. Responda a quem merece, ignore os ignorantes. Dê voz a quem pode te ajudar.
- Incentive o engajamento múltiplo. Crie vídeos, coloque-os no blog, poste o link do blog no Facebook, divulgue o link do Facebook para sua lista de e-mails.
- Cultive aliados e parceiros. Só revenda e recomende quem você confia.

- Descubra e redescubra o que seu público quer, alivie suas dores, faça-o feliz.

Estratégias de Conversão

Chegou a hora de vender. Um funil de vendas – que tem este nome porque sua forma se assemelha a um funil – é dividido em quatro partes.

No topo do funil está o **(1) Tráfego**, a audiência e o número de fãs que visitam diariamente suas plataformas. Seu blog, seu website, seu canal no Youtube, sua presença nas redes sociais contribuem para gerar tráfego e para aumentar a boca deste funil.

Quando estes visitantes se cadastram em sua lista, isto é chamado, na linguagem do marketing digital, de **(2) *Lead***. Ou seja, estes visitantes demonstraram real interesse em seu livro, em seus produtos, apesar de ainda não terem comprado nada. Eles baixaram o primeiro capítulo, participaram de um minicurso, mas ainda não colocaram a mão no bolso para comprar qualquer coisa de você.

79

Ao longo do tempo, todos estes *leads* da sua lista, são considerados **(3) Prospectos**, potenciais futuros clientes. Se não comprarem hoje ou amanhã, podem comprar depois de amanhã ou no ano que vem.

Na base do funil, estão os **(4) Clientes**, seus leitores, seus consumidores, enfim, pessoas que já compraram alguma coisa de você. Pessoas que foram influenciadas pelo seu título, pela sua capa, pela descrição do seu livro e, por algum motivo emocional, racional ou instintivo, abriram a carteira e compraram seu livro.

Já vimos diversas estratégias para gerar Tráfego. Neste capítulo, nós vamos ver estratégias para gerar Cadastros (leads e prospectos) e Vendas (clientes), ou seja, transformar tráfego em cadastro e, depois disto, transformar cadastro em vendas.

ESTRATÉGIAS PARA GERAR CADASTROS

ESTRATÉGIA nº 31 – Defina suas Metas e Monitore Tudo

Antes de sair buscando tráfego, cadastros e vendas, você precisa definir suas metas e a forma mais eficiente de fazer isto é colocar metas mensais. As grandes conquistas são resultantes de pequenas ações com um objetivo em mente e foco.

No assunto "Métricas", seu principal objetivo é "medir o sucesso". Por que entender seu funil de vendas é um dos pontos mais importantes de sua estratégia de vendas? Porque só assim você vai conseguir implementar a medição, compreender os relatórios e utilizar os dados para direcionar o público certo para suas plataformas. Somente desta forma você terá uma compreensão mais profunda das ações que funcionam e das que não funcionam.

Você poderá medir se suas estratégias de SEO e SEM são efetivas na captura de sua audiência potencial, se a experiência de uso é boa e incentiva o engajamento e o retorno dos visitantes. Visitante que retorna é um lead em potencial.

Graças à tecnologia, monitorar estes dados hoje é bem mais fácil do que você imagina. Para te ajudar nesta tarefa, as plataformas disponibilizam relatórios mastigados e gráficos. Sugiro que você utilize:

1. **GOOGLE ANALYTICS** – para monitorar visitas e conversões em seu site, blog e vendas. É a ferramenta grátis mais completa para monitorar dados abertos na Internet.

2. **RELATÓRIOS DO KDP** – para monitorar as vendas de livros.

3. **FACEBOOK INSIGHTS**- para monitorar o engajamento do seu público com seu conteúdo e o que isto gera de compartilhamentos, curtidas e comentários.

4. **ESTATÍSTICAS DO WORDPRESS** – para monitorar os conteúdos mais eficazes do seu blog.

5. **RELATÓRIOS DO YOUTUBE** – para monitorar seus vídeos mais assistidos.

Se você está começando, sugiro que levante os dados mais básicos para conhecer e se acostumar com as ferramentas. Instale os códigos de monitoramento do Google Analytics em seu site e blog, acompanhe as vendas na Amazon, monitore o crescimento da sua lista de e-mails, confira seus relatórios do Facebook e do WordPress. Responda as perguntas abaixo e mantenha um controle mensal das informações que levantar:

1. Quantos visitantes diários suas plataformas recebem?

2. Quais são suas páginas mais visitadas?

3. Que posts (de Facebook e do blog) geraram mais engajamento?

4. Qual é o tempo médio que um visitante fica em seu website e qual a frequência de retorno?

5. Qual é a sua taxa média mensal de conversões (vendas, cadastros, downloads)?

6. Quais são as principais informações geográficas e demográficas que você tem do seu leitor ideal?

7. Qual é a receita gerada por livro e quais são os mais vendidos?

A partir do momento que você se acostumar e se aprofundar com estas métricas, vai querer fazer perguntas mais complexas, como:

1. Qual o valor do seu visitante?

2. Qual o valor de uma determinada página?

3. Qual é o ROI de um visitante novo e de um visitante frequente?

4. Qual a taxa de conversão por canal?

5. Qual a taxa de conversão por campanha de marketing?

6. Quanto tempo leva para um visitante se transformar em prospecto, para um prospecto se transformar em cliente, para um cliente recomprar de você?

Mas não se descabele com isto. Medidas são úteis para te ajudar a aprimorar suas estratégias de aquisição, medição de desempenho, análise de tendências e compreensão de seus testes, assunto da próxima estratégia. No entanto, elas não podem tomar muito de seu tempo produtivo e, só para relembrar, o tempo produtivo de um escritor independente é... ESCREVER e VENDER.

Por isto, recomendo que você faça, pelo menos, duas planilhas simples:

CONTROLE DE VENDAS

Na primeira, controle os números principais. Crie uma coluna com meses e os seguintes dados nas linhas:

1. **Número de Visitantes** – total de pessoas que acessaram suas plataformas em determinado mês.

2. **Custo Por Visita** - quanto você gasta todo mês para manter suas plataformas dividido pelo número de visitantes.

3. **Número de Cadastros** na Lista de E-mail (*lead*) – total de pessoas que se cadastraram no mês.

4. **Custo por Cadastro** ou **Custo por *Lead*** – quanto você investiu para adquirir estes cadastros dividido pelo número de cadastrados no mês.

5. **Número de Vendas** – quantas vendas foram feitas em um mês

6. **Custo por venda** – quanto você investiu dividido pelo número de vendas

7. **Receita Total de Vendas** – quanto foi ganho com as vendas

8. **Custos de Não Marketing** – quanto você gastou para manter suas plataformas

9. **Custos de Marketing** – quanto você gastou na divulgação da sua marca, dos seus livros e produtos

10. **Lucro Total** – as receitas totais com vendas menos os custos totais somados (marketing e não marketing).

11. **ROI** – o retorno em reais de cada real que você investiu.

Atualize estes números uma vez por mês e em pouco tempo você vai se transformar em um ninja das métricas e saber de cor quanto você precisa investir para obter o resultado desejado.

CONTROLE DE EVENTOS

Crie uma planilha com Data, Ação e Resultado nas colunas e, cada vez que fizer uma promoção, anote o dia, o que foi feito e o resultado obtido. Com isto, você vai se aprimorar nas ações que funcionam e deixar de lado as que não funcionam.

ESTRATÉGIA nº 32 – Facilite o Cadastro e Faça Testes A/B

Aqui não tem muito mistério: faça com que seja muito fácil para seu fã ideal se cadastrar em sua newsletter. O jeito emocional de fazer isto é fazer com que ele se sinta parte de algo muito especial. O jeito racional é testar suas páginas de captura, o que também se tornou algo mais fácil, graças aos avanços de algumas ferramentas de hoje.

As ferramentas de e-mail marketing possibilitam estes testes, as ferramentas de páginas permitem estes testes, até mesmo as ferramentas de vídeo e os *marketplaces* têm funções para os chamados testes A/B. Neles, duas páginas são apresentadas alternadamente para os visitantes. A página que converter mais é a vencedora.

Como vimos que o público é uma variável em movimento, ao eliminar a página perdedora do teste, crie uma nova para tentar bater a vencedora. Isto funciona para páginas e para anúncios no Google e no Facebook.

E o que uma página de captura precisa ter e ser testado? Esta é uma disciplina complexa, que inclui conhecimento de psicologia, *Copywrite*, comportamento e experiência de usuário (UX). Traduzindo para o simplifiquês, você precisa testar: design (cores, diagramação e imagens), chamada (título) e *Call-To-Action* (botão de cadastramento).

86

Estude páginas de captura, descubra como os mestres do marketing digital fazer e teste, teste, teste.

ESTRATÉGIA nº 33 – Ofereça uma Isca em uma Página de Captura

Compare os visitantes com um cardume de peixes em um oceano ou lago. Você está sentado no barco ou na beira do píer com uma vara de pescar e, cada peixe que você pesca, é um *lead*. Para pescar, você precisa de... ISCAS.

A melhor forma de pescar *leads* é oferecer algo de valor, uma isca tentadora. Quanto mais tentadora for a isca, mais peixes irá pescar.

QUE TIPO DE ISCA VOCÊ USA?

Seguindo a analogia da pescaria, cada tipo de peixe requer um tipo de isca. Você pode oferecer:

1. O primeiro capítulo do seu livro em PDF.

2. Um e-book diferente.

3. Um minicurso ou um curso gratuito.

4. Um vídeo exclusivo.

5. Um webinário ou um *hangout* (vamos falar dele daqui a pouco).

6. Um relatório, um infográfico, uma pesquisa, enfim, algum tipo de dado importante para seu público.

O segredo aqui é oferecer algo que resolva parte da dor ou aumente o prazer do leitor. Não complique, facilite tudo, do download ao consumo da informação. Não ofereça um vídeo de uma hora, nem um PDF de 30 páginas. Seja curto e doce.

Design faz parte da persuasão, então use uma imagem que envolva e tenha relação com o título. Nós já falamos muito de título neste livro, então, acredito que você já deva ter captado a mensagem.

Outro ponto importante é que a taxa de conversão diminui à medida que aumentam os campos do seu formulário. Pedir somente o e-mail converte mais do que pedir nome e e-mail. Aliás, não peça mais do que isto.

CALL-TO-ACTION

O *Call-To-Action*, ou chamada à ação, geralmente está em um botão enorme, com uma cor que contrasta com o resto da página. Você precisa pensar no principal objetivo da sua página, neste caso, capturar o e-mail do visitante.

Pessoas querem saber o que elas ganham e não o que têm que fazer. Então, coloque ênfase no que você fará por elas e não no que elas precisam fazer para conseguir.

Desta forma, ao invés de escrever "ENVIAR" no seu botão, coloque "ENVIE-ME DICAS GRÁTIS" ou "ENVIE-ME O E-BOOK GRATUITO", ao invés de escrever "INSCREVER", coloque "INSCREVA-ME", ao invés de escrever "ACESSE" OU "ASSINE", coloque "ME DÊ ACESSO INSTANTÂNEO".

Evite dar um vídeo de uma hora

ESTRATÉGIA nº 34 – Só envie e-mails relevantes

Nós já falamos da relevância de conteúdo, de e-mails, e eu coloquei isto aqui como uma estratégia à parte porque ela se paga. Como já disse, o e-mail ainda vive e terá vida longa. Mas o marketing digital e os *spammers* acabaram aprimorando a habilidade das pessoas de ignorar um e-mail ou apagá-lo antes mesmo de abri-lo

Lembra da dica do "seja útil, não seja chato"? Pois bem, vou melhorá-la agora: "Seja muito útil e não seja nem um pouco chato." Só envie e-mails de extrema relevância, que sejam muito úteis para seu leitor. Caso você insista em mandar mensagens irrelevantes para ele, logo passará a fazer parte do grupo dos não lidos ou apagados: "pô, esse cara só me envia e-mail para vender alguma coisa..."

Novamente, temos aspectos emocionais e técnicos envolvidos. A relevância de um e-mail começa no assunto. A maior taxa de abertura ocorre quando o assunto tem entre 28 e 39 caracteres no máximo. Volte lá na Estratégia nº 9, leia os requisitos de um bom título de blog e use as mesmas técnicas para criar o assunto do seu e-mail.

Depois disto, o primeiro parágrafo é primordial. As dicas para um bom texto também estão na Estratégia nº 9, com a saudação, objetivo, benefícios etc. Siga-as e aumente o engajamento com sua mensagem.

Se você quer que as pessoas cliquem em um link, repita-o três vezes ao longo do texto. Sim, isto aumenta a taxa de cliques. Coloque o link logo depois do objetivo do e-mail, repita-o logo depois dos benefícios e novamente no PS. No PS, case o principal benefício com a ação desejada. Isto é matador.

PS: você terá muito mais cliques se enviar apenas e-mails de extrema relevância.

ESTRATÉGIA nº 35 – Segmente seu público e sua comunicação

Funil, segmentação, estágios do consumidor. Como em qualquer outra área de mercado, vender livros também requer que você categorize seus consumidores, seus leitores. Basicamente, você os divide em experimentadores, prospectos, clientes (eventuais e frequentes) e defensores.

O objetivo aqui é qualificar seus leitores, atuais e futuros, para oferecer conteúdo e comunicação sob medida, engajar mais e obter maiores retornos sobre seus investimentos de tempo e dinheiro.

No marketing digital, existe um segredo para rentabilizar esta qualificação: dê o que o seu leitor precisa e venda o que ele deseja. Traduzindo: distribua conteúdo gratuito que alivie as dores dos seus experimentadores e prospectos, cobre por conteúdos, produtos e serviços que causarão prazeres inenarráveis em seus clientes e defensores. Quando digo prazeres, não estou me referindo à literatura erótica. Lucro, conquista, mais saúde, mais beleza, mais inteligência, mais espiritualidade também são fontes de prazer.

Da mesma forma que você segmenta clientes, pode segmentar produtos. Se você leva a sério o plano de viver de royalties, entregue conteúdos por níveis e tenha produtos de pequeno, médio e grande valor monetário. Leve em conta os níveis de poder aquisitivo de seus clientes.

Um e-book tem preço baixo e pode ser seu produto de entrada ou *entry level*. Um curso rápido pode ter preço entre R$50 e R$200 e ser seu produto para o público médio ou *mid-level*. Um treinamento, uma consultoria, um evento ao vivo ou um curso mais extenso pode ser seu produto de alto valor agregado ou *high level*.

Na próxima parte deste capítulo, partiremos para o que te convenceu a comprar este livro: vender!

ESTRATÉGIAS PARA GERAR VENDAS

ESTRATÉGIA nº 36 – Use a Sequência de E-mails no Lançamento

Agora, partimos para uma das principais estratégias de lançamento de livros, o e-mail. Se você ainda não construiu sua lista, comece agora mesmo. Coloque sua plataforma – site, blog, redes sociais – no ar e capture e-mails dando algo valioso em troca. Faça tudo isto enquanto escreve seu livro.

Com 300 assinantes em sua lista, já é possível utilizar esta estratégia para lançar seu livro. Esta estratégia tem como base um defeito importante da condição humana: nossa memória é curta. Precisamos de lembretes, precisamos de despertadores, precisamos que nos relembrem dos eventos.

Vamos supor, então, que a data de lançamento de seu livro caia em uma terça-feira. Basicamente, o que você precisa fazer é enviar uma sequência de e-mails informando e relembrando seu assinante de seu lançamento.

Na quarta-feira anterior, você dispara o primeiro e-mail para prepará-la sobre o lançamento. Neste e-mail, além de preparar os assinantes, você também os avisará que enviará outros e-mails. Lembre-se que estes e-mails precisam ter conteúdo e não serem apenas promocionais.

Seu primeiro e-mail (reescreva-os com suas próprias palavras), então, será assim:

FICÇÃO

Nos próximos dias, eu vou enviar para você quatro e-mails falando sobre [TEMA DO SEU LIVRO]. Nestes e-mails, abordarei alguns assuntos:

Primeiro E-mail (este que você está recebendo agora): vou contar a primeira parte da história de [NOME DO PERSONAGEM] e como ele/ela enfrentou/venceu/conquistou [PRINCIPAL PROBLEMA ou PRAZER DO SEU LEITOR IDEAL].

Neste e-mail, eu também vou falar sobre como você pode adquirir meu livro [TÍTULO DO LIVRO] com preço promocional e um super bônus, exclusivo para quem comprar no dia do lançamento, na próxima terça-feira.

Segundo E-mail: sexta-feira vou contar a segunda parte da história. [INCLUA UM COMPLICADOR, VOCÊ É O MESTRE DA NARRATIVA]

Terceiro E-mail: segunda-feira, vou contar a terceira [PENSE EM UM GRAND-FINALE] parte da história e relembrar você sobre o Super Bônus que darei exclusivamente no dia do lançamento do [TÍTULO DO LIVRO].

Quarto E-mail: na terça-feira, vou relembrá-lo que este é o dia do lançamento, o primeiro e último dia para comprar meu livro com o Super Bônus exclusivo. Como eu sei que muitas pessoas se esquecem, darei este aviso para que você aproveite a promoção.

A história começa quando..."

NÃO FICÇÃO

Nos próximos dias, eu vou enviar para você quatro e-mails falando sobre [TEMA DO SEU LIVRO]. Nestes e-mails, vou abordar os seguintes assuntos:

Primeiro E-mail (este que você está recebendo agora): vou falar sobre [O PRINCIPAL PROBLEMA DO SEU LEITOR IDEAL] e como isto prejudica/impede/atrapalha [O PRAZER DO SEU LEITOR IDEAL]. Compreender isto é muito importante para [PRINCIPAL BENEFÍCIO DO SEU LEITOR IDEAL].

Neste e-mail, eu também vou falar sobre como você pode adquirir meu livro [TÍTULO DO LIVRO] com preço promocional e um super bônus, exclusivo para quem comprar no dia do lançamento, na próxima terça-feira.

Segundo E-mail: sexta-feira, vou citar vários exemplos de [PROBLEMAS DO LEITOR IDEAL] e como você pode se prevenir / lucrar / vender mais / [ENFIM, AÇÕES PARA RESOLVER O PROBLEMA]

Terceiro E-mail: segunda-feira, vou falar sobre o Super Bônus que darei exclusivamente no dia do lançamento do [TÍTULO DO LIVRO]

Quarto E-mail: na terça-feira, vou relembrá-lo que este é o Dia D, o dia do lançamento, o primeiro e último dia para comprar meu livro com o Super Bônus exclusivo. Como eu sei que muitas pessoas se esquecem, darei este aviso para que você aproveite a promoção.

Vamos ao assunto de hoje..."

Você compreendeu o poder desta estratégia? Pessoas ficam excitadas com eventos anunciados. Ficam aguardando o dia da festa, do jogo, do lançamento de um produto, de um livro. Basta ver como ficam os Applemaníacos nas vésperas do lançamento de um novo produto ou os fãs de futebol quando um jogo se aproxima.

Mas aqui você não promoverá apenas o evento – o lançamento – ou um produto, seu livro. Você enviará e-mails contendo informações valiosas (não ficção) ou uma história eletrizante (ficção) que tenham relação com as dores e/ou prazeres do seu leitor ideal.

Em cada um dos e-mails seguintes, relembre o e-mail anterior. "No e-mail anterior desta série, você leu sobre...". Inclua depoimentos e/comentários de seus fãs sobre seu trabalho, sobre você.

"E que Super Bônus é este que eu vou dar para meu leitor?" – você me pergunta. Volte lá na estratégia n° 33 e leia novamente sobre as iscas. Crie um presente verdadeiramente imperdível. No terceiro e-mail, inclua uma descrição apetitosa deste presente.

Escreva cada um dos e-mails com antecedência, revise-os e programe-os como *broadcast* em sua ferramenta de e-mail. Envie e-mails de testes antes e deixe tudo agendado. O melhor horário para disparar cada um deles é antes das oito da manhã, porque serão lidos logo que seu leitor acordar ou chegar ao trabalho.

Prepare-se, porque as pessoas farão perguntas entre os e-mails. Responda-as diretamente ou agrupe-as e insira as respostas no terceiro e-mail.

Funciona muito bem enviar um e-mail extra por volta das 18h do dia do lançamento avisando que a promoção se encerra à meia noite e aquela é a última chance de adquirir o livro com o Super Bônus.

Esta estratégia alia duas poderosas técnicas de persuasão: a antecipação e a escassez.

ESTRATÉGIA nº 37 – Tenha um "Discurso de Elevador" pronto sobre seu livro

"Sobre o que é o seu livro?", pergunta um grande jornalista logo após vocês entrarem em um elevador. Você tem 60 segundos, no máximo, para responder antes que a porta se abra e ele desapareça para sempre. E você responde: "É sobre... é... sobre... um cara que... bem, vou falar como tudo começou... eu era criança ainda e morava no interior... mas antes preciso te contar sobre a moral da história para você entender... bem...". A porta se abre e o grande jornalista desaparece mesmo para sempre da sua vida.

O "discurso de elevador" ou *"elevator pitch"* é uma técnica muito utilizada nas aceleradoras de *startups* para ensinar o dono da empresa a apresentar seu negócio para um investidor em poucos minutos. Através dela, o empresário precisa vender seu peixe de forma convincente, sem gaguejar e ser extremamente persuasivo. Vamos ver como montar um "discurso de elevador" para seu livro.

Vou começar com a estrutura e depois recheio com um exemplo para ficar mais fácil de entender. Novamente, vou separar o discurso para livros de ficção e não ficção.

FICÇÃO

A estrutura do discurso de elevador para livros de ficção é composta de três frases. Vou levar em consideração que você, como escritor, já conhece um pouco de estruturação, já ouviu falar sobre a Jornada do Herói, sabe como funciona os três atos e os pontos de virada de uma história de ficção. Vamos às três frases, então:

1. **QUEM:** Personagem, o que ele faz da vida e em que situação se encontra. Nesta primeira frase, você apresenta seu personagem principal e seu mundo comum.

2. **QUANDO:** O acontecimento que o tira do seu mundo comum. Este acontecimento, na Jornada do Herói, é conhecido como a "travessia do primeiro limiar" ou "primeiro portal", o acontecimento que dispara a história e impede que o herói retorne ao seu mundo comum.

3. **AGORA:** A morte que ele terá que enfrentar, lembrando que, na literatura, a morte pode ter três faces: física, psicológica ou profissional.

Vamos ver como funciona, então, o discurso para o best-seller de J.K.Rowling:

"(1) Harry Potter é um órfão que vive com seus perversos tios em um subúrbio de Londres.

(2) Quando ele recebe uma estranha carta, descobre que é um bruxo e é convidado para estudar em Hogwarts, uma conceituada escola de bruxos.

(3) Agora, com a ajuda dos novos amigos Ron e Hermione, ele terá que enfrentar os desafios das aulas de magia e as ameaças de Lord Voldemort, o assassino de seus pais."

NÃO FICÇÃO

No caso de não ficção, a estrutura também é composta de três parágrafos, porém o conteúdo é diferente:

1. **QUAL:** a principal dor ou o principal prazer do seu público na forma de uma pergunta + A resposta. Se seu público-alvo for um público "desesperado", ou seja, que tem uma dor imediata, coloque a dor na pergunta. Se for um público de "apaixonados", no caso de um hobby, por exemplo, coloque o prazer na pergunta. O prazer pode ser como ele se vê no futuro. Responda como alcançar o sonho ou como é possível solucionar o problema. Construa sua pergunta com base nos principais motivadores humanos: ganhar dinheiro, poupar dinheiro, poupar tempo, poupar esforço, melhorar a saúde, impressionar os outros, aumentar o prazer ou eliminar a dor.

2. **COMO:** No livro [TÍTULO DE LIVRO], você vai descobrir... Use "você vai descobrir" ou "eu vou te revelar", enfim, apele para os sentidos visuais, auditivos ou cinestésicos.

a. Lista de Benefícios. Benefícios não são características, benefícios não são vantagens, benefícios não são motivos. Um benefício é uma promessa de transformação colocada de forma que o leitor consiga visualizá-la. Liste de 3 a 5 benefícios de seu livro.

3. **QUEM:** a minibiografia do autor. Quem é você? O que faz? O que já fez? Por que as pessoas precisam confiar em você?

Como você comprou este livro, já passou pelo meu discurso em algum momento. O objetivo aqui não é contar vantagem ou me gabar, apenas mostrar como funciona o discurso para um livro de não ficção:

(1) Você já imaginou ser um escritor de sucesso e frequentar o ranking dos livros mais vendidos? Publicar um livro, ser bem avaliado por seus leitores e receber seus royalties, cada vez maiores, todo santo mês, religiosamente em dia? Com a Internet, as redes sociais e a Amazon, alcançar este sonho ficou muito mais fácil do que você imagina.

No primeiro parágrafo do meu discurso de elevador, o alvo é você, escritor, que faz parte de um público "apaixonado". Então, preferi ressaltar o prazer ao

invés da dor. Que escritor não sonha em ter um livro publicado, bem vendido e bem avaliado por seus leitores? Você pode usar uma dor para um público apaixonado ou um prazer para um público desesperado. Sugiro que você faça testes com seu público e descubra qual *approach* converte mais.

(2) "E-book Marketing - 50 Maneiras de Promover Seu Livro e Vender Mais" revela os segredos do marketing digital para escritores. Você vai descobrir como as novas tecnologias podem ser aliadas valiosas nas vendas de livros e e-books, em especial na Amazon e no Kindle.

Neste livro, você vai descobrir:

- 7 estratégias fundamentais para todo escritor independente que almeja o sucesso hoje.

- 18 estratégias de alcance para aumentar sua audiência e número de fãs.

- 5 estratégias para se relacionar melhor com seus leitores e ser mais querido por eles.

- 18 estratégias para converter, gerar leads e tornar seu livro uma compra irresistível.

• 2 estratégias para engajar e transformar leitores em clientes recorrentes e verdadeiros vendedores de seus livros.

No segundo parágrafo, utilizo as frases que remetem aos sentidos e também a palavra "segredo", um grande motivador humano. Os benefícios foram construídos com base nos grupos principais de estratégias.

(3) Sobre o Autor

Feche com uma minibiografia. Quem é você? O que faz? O que já fez? Por que as pessoas precisam confiar em você? A biografia comum é chata, fala que você é formado nisto, PHD naquilo. Uma dica: fale do seu leitor-alvo em sua própria biografia.

Veja o meu exemplo:

Eldes Saullo escreve para quem escreve. Seu objetivo é motivar e ensinar pessoas os caminhos da escrita criativa e produtiva, da autopublicação e da autopromoção. Ele acredita que incentivar a escrita é uma forma de incentivar a leitura. Seus livros mostram razões, estratégias, dicas e passos para você planejar, escrever e lançar melhores livros e ampliar sua credibilidade e visibilidade como autor. Escritores, blogueiros, especialistas, empreendedores, produtores de conteúdo e redatores encontrarão em seus livros informação de alta qualidade pelo preço de um café. Eldes é um dos autores mais vendidos da Amazon Brasil.

ESTRATÉGIA nº 38 – Use técnicas de Copywrite na descrição do seu livro

Como é que você se sente quando lê um livro que muda sua vida? Pare e pense no último livro que você leu e que tenha causado uma verdadeira transformação na sua vida pessoal, profissional ou social. Pode ter sido um romance ou um livro de autoajuda. Lembre-se de um livro que você terminou de ler e disse "Brilhante!".

O parágrafo acima está recheado de técnicas de hipnose, programação neolinguística e técnicas de persuasão. Quando eu pergunto "como é que você se sente", faço com que você mergulhe no seu interior e o induza a uma espécie de transe. Além disto, o parágrafo está recheado de palavras sensoriais - palavras que remetem à visão, audição e movimento (cinestesia) – e comandos: "Pare e pense", "lembre-se".

Se você não está acostumado com isto, todas estas técnicas fazem parte de uma disciplina muito importante do marketing direto: o *copywrite*. *Copywrite* é a arte de escrever textos persuasivos, muito utilizada nas cartas de vendas e na propaganda em geral. Por favor, não confunda com *copyright* ou direitos autorais.

O assunto é muito extenso para caber em uma única estratégia. Pesquise e estude os segredos de uma boa carta de vendas. Na próxima estratégia, vou mostrar como uma boa estrutura de *copy* (o apelido carinhoso do copywrite) pode fazer a diferença na página de venda do seu livro, mas, por enquanto, vamos nos ater à descrição do livro na página da Amazon, como um exemplo.

A equação da descrição matadora de um livro é:

TÍTULO + TEXTO + PROVA

Então, a melhor descrição para seu livro na Amazon precisa ter estes elementos. Crie um título que faça o leitor tremer.

TÍTULO

Se você escreve FICÇÃO, o título matador é composto pelo personagem, reforçado por um adjetivo forte (atenção, eu disse "um" adjetivo!), seguido pela descrição da trama principal. Complete com uma ou duas frases que remetam à morte (física, psicológica, profissional), de preferência uma frase que contenha ação. Por exemplo:

"Um médico paranoico descobre uma trama que pode acabar com a raça humana. Seu tempo é curto, seus inimigos são mortais."

Ou

"Uma *stripper* iniciante cai nas graças de um político inescrupuloso. O desejo nunca esteve tão próximo do perigo."

Se o livro é de NÃO FICÇÃO, o título não é muito diferente do que você aprendeu na estratégia do blog. "Como fazer...", "O Segredo para...", "15 estratégias para..." e complemente com a dor ou prazer do seu leitor ideal, se for um livro de autoajuda. No caso de uma biografia, use a mesma técnica para títulos de FICÇÃO.

O objetivo é capturar a atenção do leitor para seu conteúdo. Utilize verbos que remetam à ação, um único adjetivo forte, seja convincente.

TEXTO

Aqui não tem mistério. Repita seu discurso de elevador. Você pode até floreá-lo um pouco mais, ampliar os parágrafos, mas atenha-se à fórmula apresentada na estratégia do discurso de elevador.

PROVA

Depoimentos, testemunhais, avaliações são os ingrediente da PROVA. Não é preciso se estender muito. Pegue uma única frase importante de uma avaliação feita por um leitor e coloque-a entre aspas.

Consiga o depoimento de alguém importante, um especialista ou outro autor do seu segmento e coloque uma única frase, como se fosse uma citação. Por exemplo:

"[SEU NOME] arrebata corações neste romance inesquecível!" (AUTOR DO DEPOIMENTO)

UTILIZE HTML

A Amazon permite que você utilize tags HTML, a linguagem das páginas de Internet, nas descrições do seu livro. Não vou entrar em detalhes, apenas recomendar que você não transforme sua descrição em um rocambole de estilos. Este é um dos casos onde menos é mais!

Utilize a tag <H1> </H1> para destacar o título da descrição.

Utilize a tag <H2></H2> para destacar um subtítulo.

Utilize a tag <B></B> para dar negrito em algum ponto importante do seu texto.

ESTRATÉGIA nº 39 – Crie uma Landing Page do livro

Uma *landing page* é, como o próprio nome em inglês diz, uma página de aterrisagem, ou seja, uma página única com um objetivo específico: vender seu livro. Seus ingredientes são:

1. Título – Já falamos tanto de título que você já sabe de cor como criar um título matador, seja para ficção ou não ficção.

2. Texto – Seu discurso de elevador.

3. Capa do Livro – Pode ser só a capa ou uma foto sua sorridente com o livro em mãos.

4. Recheie com prova social. Coloque depoimentos, testemunhais, avaliações de leitores.

5. Use imagens irresistíveis. Design profissional vende. Um reforço para o visual e para o poder de persuasão da página é inserir um vídeo do book trailer.

6. Finalize com um *Call-To-Action* Matador, um botão gigante, que contraste com o restante da página, com um comando para a compra. Para mim, não há melhor do que o "COMPRE COM 1 CLIQUE" da Amazon.

Crie uma URL específica para a *landing page*. Você pode redirecionar um domínio específico para ela – www.otitulodolivro.com.br, por exemplo – ou usar uma URL complementando seu domínio, algo do tipo www.seunomedeautor.com.br/titulodolivro/

O objetivo da *landing page* é VENDER SEU LIVRO. Se o leitor se distrair com um cadastro, por exemplo, pode desistir da compra por impulso. Mas, e a minha estratégia de capturar e-mails? Capture dentro do livro, no seu blog, no seu website e cuide para que a página do livro tenha como único e principal objetivo a venda de seu livro.

Não se esqueça de divulgar a URL de sua *landing page* antes, durante e depois do lançamento do livro.

ESTRATÉGIA nº 40 – Obtenha avaliações positivas

O que você faz quando acessa a página de um livro de seu interesse na Amazon e descobre que as avaliações positivas imperam com uma média de quatro estrelas para cima? Você compra.

Avaliações são uma das maiores forças de persuasão, pois se encaixam no gatilho mental da prova social. Se outras pessoas acham bom, na teoria você também vai achar.

Costumo dividir as vendas de um livro em três etapas: pré-venda, lançamento e pós-lançamento. Avaliações positivas de leitores são o combustível das vendas de longo prazo de um livro, quando o título se transforma em um item de catálogo. Você pode até tentar enganar leitores com livros ruins no curto prazo. No longo prazo é impossível.

Você pode até vender bem um livro no lançamento, mas se a avaliação média dos leitores for baixa, a tendência é que você venda muito menos no futuro. A distância desse futuro, vai depender muito das avaliações.

Então, durante a fase de lançamento do livro, em especial nos primeiros dias após a publicação na Amazon, foque em conseguir pelo menos cinco avaliações positivas – de quatro estrelas ou mais. Mas não tente burlar o sistema. Se você seguir à risca a primeira estratégia e escrever um bom livro, não tem com o que se preocupar.

A partir de 2013, a Amazon implementou um sistema de verificação de compra dos avaliadores, o que dificultou a indústria das avaliações. Antes, você podia avaliar qualquer livro sem comprar. Hoje você também pode, mas a avaliação não tem o mesmo peso da de quem pagou pelo livro. Nestes casos, a avaliação é sinalizada com "compra verificada".

A boa notícia é que você pode obter este tipo de avaliação com promoções, incluindo aquelas em que o leitor baixa seu livro de graça.

Então, faça o seguinte:

1. Faça uma promoção de download gratuito do livro para um grupo restrito de leitores ou círculo de amizades antes da data de lançamento oficial.

2. No e-mail ou na mensagem de divulgação da promoção, peça por avaliações do livro em troca: "Hoje meu livro está de graça na Amazon. Se você baixá-lo, por favor, deixe uma avaliação depois de lê-lo. Isto é muito importante para meu trabalho e ficarei muito grato por seu apoio".

Mais duas dicas importantes: nunca manipule avaliações, nem discuta com avaliadores. Esteja preparado para os *haters* e também para o concorrente sem escrúpulos que avalia ou pede para alguém fazer uma avaliação negativa na tentativa de te derrubar. A melhor estratégia é ignorar os ignorantes.

De qualquer forma, se uma avaliação negativa te incomodar, cheque se ela não infringe a política de avaliações da Amazon. Se for o caso, entre em contato com eles e peça para a retirarem. Talvez eles não te atendam, mas não custa nada tentar.

Aqui vão outras formas de conseguir avaliações:

1. Peça para avaliadores de outros livros do seu segmento avaliarem seu livro. Novamente, ofereça o livro ou alguma recompensa em troca.

2. Sempre que receber um elogio sobre o livro, peça para que, se possível, o coloquem em uma avaliação na Amazon.

3. Ofereça seu livro gratuitamente em fóruns e grupos e peça por avaliações em troca.

4. Peça por uma avaliação ao final do seu livro, na última frase, antes que o leitor seja redirecionado para a tela de avaliação no Kindle.

5. Ofereça seu livro para formadores de opinião, blogueiros e outros parceiros e diga que você ficará muito honrado e grato por sua avaliação.

6. Peça avaliação para outros autores do seu segmento. Novamente, ofereça algo em troca e não se aflija se não obtiver resposta.

7. Pague por avaliações. Aqui no Brasil o mercado para isto ainda é incipiente, mas lá fora, existem diversas empresas especializadas, como The Book Plex e Bookrooster, porém apenas para livros em inglês.

ESTRATÉGIA nº 41 – Tenha (e mantenha) uma *AuthorPage* na Amazon

A página do autor é uma espécie de hub, fornecido pela própria Amazon, que centraliza as informações sobre o autor e reúne seus livros e outras funcionalidades. Ter uma *authorpage* e mantê-la atualizada é muito importante para seu marketing pessoal e dos seus títulos. Se você ainda não tem uma, crie assim que seu primeiro livro for publicado na Amazon.

O endereço para criação e administração da página é https://authorcentral.amazon.com/

Uma das grandes vantagens do Wordpress como ferramenta do seu blog, é que a *authorpage* pode indexá-lo facilmente e mostrar seus posts atualizados. Você também pode colocar suas redes sociais e até um *widget* que traz suas últimas tuitadas.

Não preciso te pedir para colocar uma foto profissional sua lá, preciso?

Com relação ao texto, sua descrição de autor, recomendo que a divida em cinco partes:

1. **Sua Proposta Única de Valor** – Por que o que você escreve vai fazer a diferença e transformar seu leitor ideal? "Escrevo livros com o objetivo de..." + a transformação que você espera causar.

112

2. **Seu público-alvo** – "Meus livros são voltados para crianças de 4 a 6 anos, em processo de alfabetização" ou "Meus livros são voltados para mulheres românticas e sonhadoras".

3. **Sobre você** – insira sua minibiografia, usando a primeira pessoa. "Sou formado em Marketing..."

4. **Inclua um Call-To-Action** – "Compre meu livro ou meus livros clicando nas capas abaixo..."

5. **Prova Social** – depoimentos, testemunhais, trechos fortes de avaliações. Quanto mais famoso e influente o autor do testemunhal, mais persuasiva será sua prova.

ESTRATÉGIA nº 42 – Utilize os Poderes da Amazon

A Amazon é gigante. A maior livraria do mundo é uma das empresas mais admiradas por seus clientes, justamente porque seu foco é servir bem. Ainda hoje me lembro das primeiras compras de livros que fiz na matriz americana, ainda no século passado. Mesmo morando em um país longe da sede da empresa, me recordo perfeitamente de quando recebi uma caneca de presente por ter feito compras na empresa em um de seus primeiros anos de vida. Por este e outros motivos, elegi a Amazon como minha editora e livraria e, aprendi, nestes anos como autor, diversas técnicas para aproveitar tudo o que ela oferece quando o assunto é vender livros.

Eis minhas principais dicas para vender livros na Amazon utilizando seus próprios recursos:

1. **KDP SELECT** – muitos autores relutam em participar do KDP SELECT porque ele requer exclusividade de vendas por 90 dias. Ou seja, se você vende seu livro em outra livraria, você está fora do programa. No entanto, ainda não existe nada capaz de vender mais e-books no Brasil do que fazer parte dele.

   Você pode fazer promoções de seus títulos através de dois mecanismos, o KINDLE COUNTDOWN DEALS (até o momento ainda não presente na Amazon brasileira) ou FREE BOOK PROMOTION, que permite disponibilizar seu livro gratuitamente por cinco dias a cada três meses. Você pode participar do KINDLE UNLIMITED, o sistema de assinatura de livros. Falarei do FREE BOOK PROMOTION e do UNLIMITED daqui a pouco.

   Se você só possui um livro e ainda não tem sua plataforma de autor consolidada, não pense duas vezes antes de aderir ao KDP SELECT. Se você já tem uma estrada, considere lançar seu livro e mantê-lo no programa por pelo menos seis meses para aproveitar sua capacidade de divulgação e fazer seus livros subirem rapidamente nos rankings das categorias e no ranking geral da Amazon.

2. **PRÉ-VENDA** – Hoje você pode colocar um livro à venda antes mesmo de começar a escrevê-lo. Dependendo do seu nicho, do seu nome e da capacidade do seu título de atiçar os leitores, isto pode significar dinheiro na conta enquanto produz sua obra. Mas não vamos exagerar. Minha recomendação é que você coloque seu livro em pré-venda de 15 a 30 dias antes do lançamento. A Amazon vai começar a vender seu livro e, na data estabelecida, o entregará para os compradores.

Se você também tiver problemas para terminar seu livro, colocá-lo em pré-venda é um excelente motivador. Apenas cuide para não perder o prazo de upload da versão final ou você pode ficar na geladeira, sem poder fazer pré-venda por um ano.

3. **CATEGORIAS** – Ao cadastrar seu livro no KDP, ele te dá direito de escolher duas categorias para seu título. Escolha duas categorias abrangentes, nada de ser muito específico. A Amazon cuidará disto mais adiante, mas, por enquanto, cadastre-o em duas categorias distintas e, de preferência, sob a subcategoria "Geral". Ou seja, ao invés de cadastrá-lo na categoria "arte, cinema, fotografia" e subcategoria "fotografia", cadastre-o em "arte, cinema, fotografia" e subcategoria "geral".

Faça isto e combine com uma promoção gratuita no KDP SELECT. Seu livro ganhará ranking geral mais rapidamente, o que significa que poderá entrar em posições mais altas no ranking específico das subcategorias.

A Amazon lista 20 livros por página em cada categoria. Altere sua categoria de modo que ele apareça entre os 20. Um dos segredos desta técnica é observar a posição geral do seu livro no ranking da Amazon e comparar com os livros de uma determinada categoria ou subcategoria. Se seu ranking for maior do que o vigésimo livro da categoria ou sub, altere para que ele apareça entre os 20, o que significa mais chances de ser visto e comprado.

4. **PALAVRAS-CHAVE** – Não subestime nem seja preguiçoso na hora de cadastrar as palavras-chave relacionadas com seu livro na Amazon. Antes de sair colocando qualquer coisa que lhe venha à cabeça ou o que você "acha" que tem que colocar, faça uma pesquisa com a palavra escolhida. Coloque-a na caixa de pesquisa da Amazon, clique, escolha LOJA KINDLE e clique em IR. Cheque o volume de buscas. Quanto maior o volume, mais vendedora é a palavra. Associe seu livro às sete palavras que tenham mais volume de buscas.

5. **DESCRIÇÃO DO LIVRO** – Já falamos disto na estratégia 42. Mas já que estamos falando de palavras-chave, otimizar a descrição do livro é uma ação importante para suas vendas. Melhore-a sempre que possível. Ao alterar uma descrição, copie e salve a anterior. Se sentir que a alteração impactou

negativamente nas vendas, retorne para a antiga. Otimize a descrição com novas palavras-chave, avaliações de leitores, de especialistas ou de outros autores.

6. **FREE BOOK PROMOTION** – Descubra o valor do GRÁTIS! Ao oferecer seu trabalho de graça, você alcança um público que não alcançaria normalmente. Você terá mais exposição e, quanto maior a exposição, maiores as chances de seus livros irem parar nas mãos de quem realmente importa. Você terá mais avaliações, um ativo importante do marketing de livros. O resultado pode vir através de mais vendas de outros livros ou produtos de maior valor - um curso, por exemplo - na venda da versão impressa e em colocações melhores nos rankings . Esta estratégia também terá impacto significativo no lançamento de livros futuros e é muito eficaz para recuperar livros de catálogo cujas vendas estejam na descendente.

7. **KINDLE UNLIMITED** – Existe muita desconfiança sobre este programa, onde o leitor paga uma mensalidade e lê quantos livros quiser e você, o autor, recebe uma percentagem do Fundo Global do KDP somente se o leitor ler mais de dez páginas do seu livro. No entanto, sou do tipo que prefere enxergar o copo sempre meio cheio. O que pude perceber é que o *Unlimited* aumentou as vendas dos meus livros. Isto mesmo, a disponibilização dos meus livros no programa, fez com que minhas vendas diárias aumentassem na mesma proporção das

117

leituras "gratuitas" do *Unlimited*. Sinceramente, ainda não consegui compreender como isto ocorre, mas tenho a impressão de que tem relação com a teoria do Grátis, mas com uma vantagem: é como se você fizesse uma promoção do livro gratuito e ainda ganhasse uma participação da Amazon a cada vez que alguém ler uma dezena de páginas do seu livro. Se você fez o dever de casa de escrever um bom livro, o KINDLE UNLIMITED foi feito para você.

8. **KINDLE** – sim, o aparelho, ou o *app* que você instala no seu *smartphone* ou *tablet*. Uma ação que pode impactar suas vendas é promover a experiência de uso do Kindle. Muitos leitores são resistentes à leitura que não emita cheiro de papel. No entanto, muitos destes leitores nunca chegaram perto de um Kindle e são contra apenas pela beleza nostálgica de ser contra. No meu caso, o mundo ideal não derrubaria árvores e, só por isto, o Kindle já seria minha escolha na hora de ler um livro. Só que suas vantagens não param na sustentabilidade do planeta: você busca citações e suas próprias notas de forma mais eficiente, carrega sua biblioteca inteira para o fim do mundo, seu livro sempre estará em estoque, mesmo que seu leitor more em uma aldeia no Acre. Ele só precisa de uma conexão com a Internet para adquirir seu livro com um clique e recebê-lo em um estalo. Defenda o livro digital. Faz bem para o planeta e para suas vendas.

Se seu livro começar a vender bem, com certeza chamará a atenção da Amazon. Isto pode significar um convite para participar de suas promoções, o que inclui aparecer na newsletter com ofertas que são disparadas para seus clientes. Se isto acontecer com você, você está no caminho certo. Prepare-se para vendas astronômicas em um único dia.

ESTRATÉGIA nº 43 – Tenha uma estratégia de preço consistente

Preço é um tema muito sensível quando o assunto é produção intelectual. Você pode achar que seu livro de poesias tem que custar caríssimo, afinal, tem toda uma vida contida ali. No entanto, quem define preço não é a indústria, nem o comércio, nem o prestador de serviços. É o consumidor. Não se trata do que você quer vender, mas do que as pessoas querem comprar e de quanto querem pagar.

Se você ainda não tem nome, uma marca reconhecida como autor, não vá com muita sede ao pote achando que vai faturar milhões com um livro mais caro. Na prática, a teoria é: quanto maior o preço, menores são as vendas.

ESTRATÉGIAS DE PREÇO

O valor que será cobrado precisa ser pensado com carinho. Pesquise o preço de seus concorrentes para ter uma ideia do que seu público está acostumado. Cobrar menos para atrair mais consumidores ou cobrar mais para demonstrar que seu livro é melhor, é uma estratégia que não funciona muito com livros. Se você não é um Rubem Fonseca, a capacidade de diferenciação do leitor entre você que está começando e seu concorrente é próxima do zero.

Hoje, a faixa de preço de e-books na Amazon está entre R$1,99 e R$5,98 para royalties de até 35% e acima de R$5,99 para royalties de 70%. Confesso para você que já paguei R$60,00 por um livro, mas ele prometeu e fez uma diferença brutal em minha vida. Também já devolvi livro de R$1,99 por que era lixo da melhor qualidade.

Na disciplina do marketing, você pode seguir por um dos caminhos abaixo:

1. Praticar um preço baixo para atrair leitores e, desta forma, obter mais avaliações em tempo mais rápido. Esta estratégia tem alguns pontos negativos: pode fazer com que o cliente perceba seu livro como algo de baixa qualidade. Mais vendas não significam mais lucros. Esta prática pode acabar gerando uma guerra de preços, nem sempre vantajosa, com autores concorrentes.

2. Praticar um preço mais alto, o que pode passar uma ideia de mais qualidade e resultará em menos vendas.

3. Cobrar o mesmo que os principais concorrentes do seu segmento, a estratégia ideal em um mercado onde a diferenciação é praticamente imperceptível.

4. Você também pode cobrar um preço mais caro no início e ir reduzindo ou o contrário, mais baixo e ir aumentando com o tempo, mas estas estratégias parecem não funcionar muito com livros.

Existe um modelo de preço praticado lá fora que tem como base o número de palavras do livro. Particularmente, acho que não se trata de contar palavras, mas de palavras que contam.

Então, o que você pode fazer?

Bom, eu gosto muito da comissão de 70% e me é preferível vender dez livros a R$5,99 e ganhar R$4,19 em cada um deles, do que vender 50 livros a R$1,99 e ganhar R$0,69 em cada um deles. Faça as contas.

Se você se garante na qualidade do conteúdo e no marketing, não tem porque cobrar tão baixo, a não ser durante promoções cujo único objetivo é disparar no ranking.

Se você tem uma série de livros, pode fazer um *bundle*, um pacote de livros do tipo compre dois e leve três. Neste caso, nunca coloque o pacote em promoção e cuide para que o preço dos três juntos seja menor do que os três separados.

Sugiro que faça testes e descubra a sensibilidade do seu público para tirar a teia de aranha do bolso. O segredo aqui não é colocar seu livro mais barato ou mais caro e sim com um preço estrategicamente competitivo.

ESTRATÉGIA nº 44 – Aproveite-se da Magia do Papel

E o livro em papel? O cheiro do papel, a textura do papel? O papel não enguiça, o papel não fica sem bateria... Eu brinco com isto, mas é porque existe uma grande confusão que autores fazem, justamente por que todo autor que se preze também é um leitor que se preze. Então, no fundo, quer que seu livro vá parar nas mãos dos leitores para serem lidos da mesma forma com que ele gostaria de lê-lo. Bom, isto é o mesmo que um roteirista de cinema se negar a ceder os direitos do filme para a televisão porque ele não assiste ou detesta TV.

Se você gosta tanto assim do papel, publique em papel, mas não subestime o e-book, principalmente se você é um autor independente. O e-book vende muito mais, mais rápido e com menos dor de cabeça.

Bom, não estamos aqui para discutir meios. O objetivo desta estratégia é mostrar como você pode utilizar o livro impresso para vender mais livros digitais e vice versa. Algumas sugestões:

122

1. Faça uma sessão de autógrafos. Livros impressos ainda são melhores para este fim.

2. Participe de eventos, venda cópias impressas ou distribua os livros gratuitamente para obter reconhecimento.

3. Dê seu livro de presente para blogueiros conhecidos, formadores de opinião, jornalistas, celebridades e subcelebridades.

4. Deixe cópias estratégicas de livros impressos em salas de espera, cafés, academias, bibliotecas e outros lugares de alta rotatividade de público.

5. Se você não pode ou não quer investir em cópias impressas, considere criar um marcador de livro ou um cartão postal com informações sobre seu livro. Coloque o título e seu discurso de elevador.

Você também pode considerar traduzir seu livro para outros idiomas, como o inglês, por exemplo. O mercado para títulos em inglês é, sem dúvida, muito maior do que o de livros em português. O mundo fala inglês. No entanto, antes de sair traduzindo seu livro, considere os seguintes pontos:

1. Uma tradução para o inglês não é algo barato. A tradução do português para o inglês de um livro de 20 mil palavras,

não sai por menos que R$2.500,00. Faça os cálculos sobre o retorno sobre o investimento e veja se vale a pena.

2. O mercado lá fora é infinitamente mais concorrido do que aqui. Traduzir um título e colocar para vender na Amazon, por exemplo, não adianta muita coisa. Você precisará promover seu livro e é aí que entram os complicadores de plataformas, pois você precisará traduzir não só o livro, mas land page, fan page, fazer comunicação direcionada para o público do segundo idioma, enfim, prepare-se para gastar seu inglês.

3. Promover um livro em inglês tem mais facilidades do que aqui. Existem centenas de perfis do Twitter que promovem e-books, serviços de RP Online, fóruns e outras ferramentas gratuitas que podem alavancar suas vendas, além da distribuição física com impressão sob demanda, serviço que a Amazon presta através do Create Space.

Portanto, estude bem suas ações e o mercado antes de investir tempo e dinheiro em uma tradução. Por mais apetitoso que possa aparecer o mercado na língua de Shakespeare, a simples tradução e publicação não garante que este investimento trará resultados. Não sem esforço e sem conhecer bem o idioma para poder lidar com os leitores e fãs que não falam português.

ESTRATÉGIA nº 45 – Prepare um cronograma de ações para o Lançamento

"O objetivo de toda ação é a eficácia"
(Lao Tsé)

Controle seu tempo e descubra o poder de realização que existe ao criar e seguir uma simples... AGENDA. Por exemplo, desenvolvi um método que ensina a escrever um livro de não ficção em 48 horas. Este método apenas utiliza o poder de organização e de refrescar sua memória que uma agenda oferece. Dito, isto, vamos falar sobre a agenda de um lançamento.

Costumo dividir o lançamento de um livro em quatro partes:

PRÉ-PRÉ-LANÇAMENTO– 2 a 4 MESES ANTES DO LANÇAMENTO

Também conhecida como Fase Teaser, o Pré-Pré-Lançamento é uma etapa importantíssima do lançamento de um livro porque ativa um dos grandes gatilhos mentais de persuasão: a antecipação. No Pré-Pré-Lançamento, você define suas datas – de publicação e lançamento oficial – e de cada uma das ações a seguir:

1. Pesquisa – para obter opiniões de leitores sobre publicações anteriores e adequar o conteúdo do próximo livro a estas respostas.

2. Página de Captura – a página com o objetivo de somar assinantes para sua lista de e-mails.

3. Posts Teaser – alguns posts nas redes sociais avisando que seu novo livro está a caminho, com trechos, imagens da capa e outros recursos que atiçam a vontade dos leitores. Você pode usar um post Teaser para direcionar para a página de captura ou para a pesquisa.

4. Participar de fóruns e grupos de discussão relacionados ao seu tema com dicas úteis.

5. Preparação dos materiais de *cross-selling* para inserir em livros anteriores, caso os tenha. Pode ser uma breve descrição, um excerto ou a inclusão de um capítulo inteiro do livro a ser lançado. Inclua nos livros anteriores, o livro digital também permite isto.

6. Escrever seu "discurso de elevador", encomendar a capa, preparar a descrição do livro. Prepare também seu Press Release. Estas informações ajudam bastante na criação dos materiais de marketing antes do lançamento.

7. Registro de domínio, caso opte por um específico, para a *Landing Page* e que pode ser usado na Página de Captura até o lançamento.

PRÉ-LANÇAMENTO– 1 MÊS ANTES DO LANÇAMENTO

Esta é uma das fases mais intensas, quando você corre contra o tempo para cumprir as datas que determinou na fase anterior, enquanto dá os últimos retoques no livro. Nesta etapa, você:

1. Submete seu livro para o KDP (KINDLE DIRECT PUBLISHING), a plataforma de publicação da Amazon e o coloca em pré-venda. Certifique-se de que ele já esteja 90% pronto e com a produção engatilhada e capa já criada.

2. Agenda seus eventos próprios e a participação em eventos de terceiros.

3. Posta mais Posts Teasers, agora com a data de lançamento oficial. Interaja com seus leitores e busque levantar depoimentos.

4. Busca Avaliações: assim que o livro estiver disponível para a venda, faça um dia de promoção grátis no KDP SELECT e convide amigos e fãs mais engajados para baixarem e deixarem suas opiniões. É bom lembrar que a data de disponibilização no Kindle não precisa ser exatamente a mesma do lançamento oficial. Você pode publicar o livro e fazer o lançamento oficial depois. O principal objetivo aqui é conseguir AVALIAÇÕES.

5. Prepara, escreve e agenda seus e-mails para a Sequência de Lançamento. Veja a Estratégia 36.

6. Produz seu Book Trailer. Use seu discurso de elevador como base para o roteiro.

7. Prepara sua Promoção ou Ação Especial para o Lançamento.

8. Se você investiu na produção de livros impressos, esta é a etapa de receber as cópias prontas e prepará-las para distribuição e/ou vendas. Se for fazer uma sessão de autógrafos, este o momento de enviar os convites.

LANÇAMENTO – SEMANA DO LANÇAMENTO

O grande dia chegou. Se você seguiu bem os scripts das fases anteriores, seus fãs estarão ávidos por ele. A fase de lançamento ideal de um livro digital é de uma semana a 30 dias. É claro que ao longo do mês após o lançamento, suas ações de promoção devem ser fortes, porém, concentrar esforços e investimentos na primeira semana traz muito mais resultados do que diluí-los ao longo de 30 dias. Durante este período:

1. Participe de eventos. Noites ou tardes de autógrafos, entrevistas, eventos literários e outros. Faça um Hangout com seus fãs.

2. Se você já tem outros livros publicados, atualize-os com o link do novo livro.

3. Anuncie. Sim, separe uma verba para promover seu livro com Facebook Ads e Google Adwords. Não espere retorno, tenha como objetivo o *branding*. Divulgue seu Book Trailer.

4. Reforce os posts do seu blog com temas relacionados ao novo livro. Participe como blogueiro convidado em blogs de parceiros. Coloque um *Call-To-Action* discreto (na forma de link) nestes posts.

5. Promova seu lançamento nos grupos e fóruns de discussão que participa.

6. Além dos e-mails da Sequência de Lançamento, dispare um e-mail para promover seu Book Trailer e a participação em eventos para seus assinantes.

7. Faça uma promoção ou ação especial, *on* ou *off-line*, para viralizar seu lançamento e gerar mídia espontânea. Confira a Estratégia 23.

SUSTENTANÇÃO – 1 A 3 MESES APÓS O LANÇAMENTO

Seu livro já está no mercado, o lançamento foi um sucesso e agora é hora de entrar em velocidade de cruzeiro, colocar as vendas em piloto automático. Nesta fase:

1. Continue sua participação em eventos,

2. Faça posts patrocinados. Coloque link para a página de venda do livro nestes posts.

3. Poste pelo menos uma vez por semana, um conteúdo relacionado ao livro nas suas redes sociais.

4. Continue sua participação útil nos fóruns e grupos de discussão. Quando houver uma brecha, promova seu livro.

5. Dispare e-mails de conteúdo útil e promova o livro junto.

6. Otimize o que achar que deva: capa, descrição, site, blog, campanhas etc.

MANUTENÇÃO – 3 MESES APÓS O LANÇAMENTO

Nesta etapa seu livro já está vendendo menos e, como você cumpriu bem a primeira estratégia deste livro, obteve excelentes avaliações e pode até receber propostas de editoras para a publicação tradicional. Estude-as com cuidado, pois agora é você quem tem o poder de decisão. Nesta etapa, as vendas diárias serão menores do que na fase de lançamento, mas constantes. Faça o seguinte:

1. Continue com posts mensais de divulgação do livro nas redes sociais, referências ao livro em sua newsletter e com sua participação em fóruns e grupos de discussão.

2. Faça uma Promoção de 2 ou 3 dias gratuitos no KDP SELECT para recuperar postos nos rankings e reaquecer as vendas.

3. Se for convidado para participar das ofertas de descontos da Amazon, aceite na hora. Lembre-se de anotar a data em que a oferta ocorrerá e promova-a em suas redes sociais e junto ao seu mailing.

4. Se seu livro se tornou um best-seller ou chegou ao topo de algum ranking, coloque o selo de "Mais Vendido" ou "Top 3 da Veja" na capa do seu livro e na descrição do livro na Amazon.

5. Estude a possibilidade de vender os direitos do seu livro para outros produtos como licenciamentos ou outros meios. Quem sabe seu livro não vire um filme? Se você

escreve não ficção, considere transformar seu livro em um curso ou treinamento online.

ESTRATÉGIA nº 46 – Faça Hangouts

Um Hangout é uma excelente maneira de se conectar com fãs. Também pode ser utilizado para promover livros e outros produtos. Uma das grandes vantagens de um Hangout é que ele é transmitido ao vivo em seu canal do Youtube e depois fica disponível para quem perdeu o evento, se você assim o desejar. Aqui vão algumas dicas para fazer um excelente Hangout:

1. Crie e agende o Hangout, convite seus fãs. Crie uma hashtag para promover o evento.

2. Antes do evento faça testes para checar se câmeras, microfone e tudo mais está funcionando bem.

3. Roteirize seu Hangout. Só porque é um evento ao vivo não significa que não precise ter roteiro. Conduza o evento, utilize as técnicas de persuasão que você conhece, mantenha a atenção, entretenha e defina quanto tempo você vai disponibilizar para perguntas dos fãs.

4. Promova seu evento em todos os seus canais.

5. Insira a gravação do Hangout em um post no seu blog e divulgue. Muitas pessoas que perderam o evento poderão se interessar.

ESTRATÉGIA nº 47 – Crie uma Série

Você já deve ter ouvido o ditado "Uma andorinha não faz verão". Pois bem, publicar um livro só não permite que um escritor viva de livros. Observe os escritores famosos e repare que a maioria esmagadora deles tem uma ou mais séries ou trilogias.

Quanto mais livros você escreve, maior é a sua "encontrabilidade" na Amazon e nos buscadores, mais vendas orgânicas você gera.

Logo que terminar seu primeiro livro, parta para o segundo, não deixe a peteca cair, muito menos se o primeiro livro não vendeu como você esperava. Invertendo o ditado, "não permita que o fracasso lhe suba à cabeça".

Uma das vantagens do e-book é que ele não precisa e não deve ser tão longo. Escreva mais livros curtos, em torno de 20 mil palavras ou 100 páginas. Os leitores deste meio preferem. Se você escreveu um livro de 600 páginas, divida-o em livros menores. Ei, você já tem duas trilogias prontas de uma vez!

ESTRATÉGIA nº 48 – Considere a mídia "tradicional"

Se você tiver um bolso um pouco mais fundo do que as pessoas normais, considere fazer uma ou duas ações na mídia off-line. Pode ser um *busdoor*, aqueles anúncios adesivados nas janelas traseiras dos ônibus, um *outdoor* em áreas de grande circulação de pessoas, como uma estação de metrô, por exemplo, ou até mesmo um anúncio em uma revista especializada, um spot de rádio ou até, quem sabe, dependendo do tamanho do seu bolso, uma propaganda na TV da sua região.

Sou da teoria de que, se há dinheiro, o melhor é investir no online, pois a distância entre a mensagem e a compra é mais curta e monitorável, o que facilita na busca dos melhores ROIs. No entanto, as mídias de massa funcionam para amplificar e atingir milhões de pessoas ao mesmo tempo. Apenas fique atento para não dar tiro de canhão para matar formiga.

No próximo capítulo, vou apresentar duas estratégias para aumentar o engajamento com seus fãs leais e defensores.

Estratégias de Conversão - Principais Lições

- Utilize a sequência de e-mails no lançamento. Ofereça um Super Bônus somente para os que comprarem seu livro nos dias promocionais.

- Prepare um "discurso de elevador" para seu livro e mantenha-o na ponta da língua.
- Conheça e utilize os poderes do Copywrite.
- Crie uma *Landing Page* para cada livro.
- Obtenha avaliações positivas.
- Crie e mantenha atualizada sua *authorpage* na Amazon.
- Use bem as ferramentas e funcionalidades que a Amazon proporciona.
- Teste e tenha uma estratégia consistente de preço.
- Utilize a força do papel na divulgação dos seus livros digitais.
- Tenha um cronograma de ações para o lançamento.
- Faça Hangouts com seus fãs.
- Crie uma série. Uma trilogia de ficção ou três livros sobre o mesmo tema em não ficção, fazem com que leitores te vejam com outros olhos.
- Considere a mídia tradicional.

Estratégias
de Engajamento

Você criou uma lista grande de assinantes e agora tem uma legião de fãs, ávidos por qualquer notícia sua. É hora de aproveitar este momento e amplificar sua força de vendas.

Veja bem, muitos escritores são tímidos e ficam de cabelo em pé com a simples menção da palavra "vender". Eu também era assim até que ouvi uma frase que me fez mudar. Não sei exatamente quem é o autor, mas a frase é a seguinte: "nesta vida, você não tem o que quer, tem o que consegue negociar". Leia de novo e veja se ela não se aplica à sua forma de viver, ficar esperando que as coisas aconteçam por si só, que alguém negocie por você.

Para finalizar, duas estratégias para engajar mais seus fãs e torná-los vendedores de sua marca e de seus livros:

ESTRATÉGIA nº 49 – Venda mais no pós-venda

Leitores que compraram algo de você uma vez têm muito mais propensão a comprar de novo do que quem nunca comprou, afinal, quem gosta, repete. Pense em produtos relacionados e de alto valor agregado. Pense em:

1. Um novo livro ou em um e-book que aprofunde uma parte do tema do seu livro ou o conhecimento de um personagem. J.K.Rowling criou diversos materiais complementares paralelos aos livros da série Harry Potter, inclusive livros inteiros sobre assuntos específicos.

2. Um curso ou treinamento online. Sua experiência pode se transformar em um grande ativo digital.

3. Um seminário, palestras, consultoria ou qualquer outro tipo de prestação de serviços físicos.

4. Licenciamento de produtos. O que acha de materiais escolares com a cara do seu personagem infantil estampada neles? Licenciamento é a maneira mais eficiente de se transformar em um escritor multimilionário.

5. Venda produtos de afiliados. Participe dos programas de afiliados da Amazon e de parceiros que tenham bons produtos relacionados ao seu segmento.

ESTRATÉGIA nº 50 – Incentive a referência

Esta é bem simples e direta: leitores que gostam do seu livro costumam indicá-lo para amigos e parentes. Incentive sempre o compartilhamento, a indicação, a referência. Peça avaliações e depoimentos quando alguém te elogiar, crie um arquivo com testemunhais e críticas positivas sobre seu trabalho.

Utilize estas informações para ajudar na promoção dos seus livros e produtos, otimize seus materiais de vendas com estes elogios. Só tome cuidado para que os elogios não criem um rei em sua barriga e você acabe perdendo sua essência, o que te aproxima dos seus leitores. Meu ditado favorito é: "elogios não me atingem!".

No último capítulo, vamos falar sobre um tema crucial para o sucesso de qualquer escritor, de qualquer pessoa: cultivar uma mentalidade de vencedor.

Estratégias de Engajamento - Principais Lições

- Venda outros produtos para seus fãs
- Incentive o compartilhamento, a indicação, a referência.

O Perfil do Autor de Sucesso

Estratégias não servem para muita coisa se não são implementadas através de táticas, de ações. São como as ideias que nunca são colocadas em prática. Para isto, é preciso desenvolver uma mentalidade vencedora. É preciso determinar objetivos claros e agir diariamente para que eles sejam alcançados.

O autor independente precisa ter duas habilidades: escrever bem e vender bem. Na habilidade da escrita, desenvolva um estilo próprio, seja interessante, único e autêntico. Mostre seu verdadeiro ser e deixe isto permear seu trabalho, sua comunicação com os fãs e seu conteúdo.

Na habilidade da venda, deixe os preconceitos de lado. Já se foi o tempo do mecenas que patrocinava a arte. Promova seus livros todos os dias, não deixe passar uma única oportunidade de venda.

Um autor de sucesso precisa também desenvolver um *mindset* de campeão, um *mindset* de best-seller. É preciso ter objetivo, foco, criatividade, mentalidade de abundância e estar sempre se aprimorando. Por que eu não disse em busca da perfeição? Por que a perfeição leva uma eternidade, adia cronogramas de forma indefinida e deixa muitos bons livros eternamente nas gavetas.

O *mindset* de um autor de sucesso é composto de:

1. Soberania e Humildade juntas para que você não se coloque abaixo ou acima de ninguém.

2. Fundamento, porque antes de quebrar as regras, é necessário conhecê-las.

3. Persistência, porque só fracassa quem desiste.

4. Refinamento para fazer cada vez melhor sem querer fazer perfeito.

5. Equilíbrio para escrever cada vez mais com beleza.

6. Coragem para contar histórias e propagar ideias que ajudem a tornar o mundo melhor.

7. Bondade para não deixar o coração entupir.

8. Entendimento para compreender que uma palavra é apenas a ponta de um iceberg de significados.

9. Sabedoria para fazer as perguntas certas, mais do que esperar por respostas exatas.

10. Brilho nos olhos, porque com ele todos os caminhos são claros.

Conclusão

Gostaria de te agradecer por ter chegado até aqui junto comigo e espero sinceramente que estas estratégias ajudem a colocar você e seus livros em um novo patamar. Que elas te ajudem a conquistar mais e mais fãs e a propagar suas ideias e suas histórias.

Simplificando o processo de compra de um livro, podemos dizer que ele passa pelos seguintes passos:

1. Saber que o livro existe.

2. Gostar e confiar no autor do livro.

3. Experimentar o livro.

4. Comprar o livro.

5. Avaliar o livro.

6. Indicar o livro.

7. Virar fã, defender o autor e comprar outros livros dele.

Atue em cada etapa deste processo: faça com que o leitor descubra seu livro, goste e confie em você, leia uma amostra ou primeiro capítulo de seu livro, compre seu livro, deixe uma avaliação que te orgulhe, indique seu livro para um amigo e, por fim, se transforme em um fã ardoroso do seu trabalho, das suas ideias, da sua obra, o que significa que, sempre que você fizer um lançamento, mais uma venda estará garantida. Esta é a melhor forma de ter certeza que sua estratégia de marketing é um sucesso.

As estratégias para vender mais livros também não se resumem às 50 apresentadas. Eu não seria pretensioso a este ponto.

Pesquise, estude, busque novas formas de fazer com que suas ideias e histórias cheguem às mãos de cada vez mais leitores e deixe-me saber do seu sucesso. Aceite meu convite e participe do grupo no Facebook (http://www.facebook.com/groups/livrosquevendem) e troque ideias comigo e com outros autores, compartilhando seus erros, acertos e suas estratégias. Sozinhos vamos mais rápido, juntos vamos mais longe.

Para finalizar, para ser considerado um autor de sucesso você não precisa ter cem milhões de leitores, basta que alguns leitores precisem de você. Compreenda isto e seu sucesso como escritor será consequência.

Sucesso com seus Livros!

Sobre o Autor

Sou escritor, professor e empresário, não necessariamente nesta ordem. Meus livros mostram "por que", "o que" e "como" fazer para gerar mais receitas através de livros, e-books, cursos, blogs e produtos de informação.

Escrevo para pessoas que buscam formas de ampliar sua visibilidade e alcançar seu público ideal usando a Internet e as redes sociais. Escritores independentes, blogueiros, infoprodutores, empreendedores digitais, afiliados e marqueteiros encontrarão em meus livros informação de alta qualidade por um preço justo.

Em meu tempo livre, gosto de filosofar, jogar futebol, ler e... Escrever. Sim, também escrevo nas horas vagas!

Se você deseja ser bem sucedido na escrita, implemente o hábito da escrita em sua vida. Escreva todos os dias!

Livros Publicados

Confira a lista completa de livros publicados por Eldes Saullo em:

www.eldessaullo.com/livros

Eis alguns deles:

- Escrevendo Romances – Como Escrever Histórias de Amor Que Apaixonam
- Escrevendo Terror – Como Escrever Histórias Sobrenaturais de Arrepiar
- E-book Marketing - 50 Maneiras de Promover Seu Livro e Vender Mais
- E-book em 48 Horas – Como Escrever um Best-Seller de Negócios ou Autoajuda
- Seu Livro no Kindle - Como Escrever e Publicar Seu Livro na Amazon e no Kindle
- Capas Que Vendem - Os Segredos das Capas de Livros Que Atraem
- Planejando Livros de Sucesso - O Que Especialistas Precisam Saber Antes de Escrever um Livro

- 150 Nichos Quentes – Como Identificar Segmentos de Mercado Poderosos e Lucrar com Eles
- Um Passeio pelo Bosque da Criação – A Gênese do Escritor nos Versos do Princípio

Cursos

Confira também os cursos online ministrados em:

www.eldessaullo.com/cursos

Contatos

E-mail
eldes@lanceumlivro.com

Web
www.eldessaullo.com
www.lanceumlivro.com

Redes Sociais
facebook.com/livrosquevendem
twitter.com/eldessaullo/
br.linkedin.com/in/eldessaullo

Avalie

Eu espero que você tenha gostado deste livro. Ficarei muito feliz se você postasse uma avaliação sobre ele na Amazon. Receber avaliações me emocionam e eu estou ansioso para ler o que você pensa. Se possível, mencione que capítulo você achou mais útil e por quê. Para isto, basta acessar a página do livro na Amazon e clicar no botão "Escreva Uma Avaliação".

Envie-me o link da sua avaliação por e-mail e eu lhe enviarei uma cópia gratuita de avaliação do e-book **"O Hábito de Escrever – Como Desenvolver Foco e Determinação Para Viver da Escrita"**.

Se você tem alguma crítica ou sugestão que possa melhorar este livro ou encontrou algum erro, por favor, me envie um e-mail para eldes@lanceumlivro.com.

Você também pode me seguir no Twitter onde meu nome de usuário é **@eldessaullo**. Envie-me um tuite com o que você achou deste livro e, provavelmente, eu te seguirei de volta.

Se você gostou deste livro, será sensacional se você puder indicá-lo para seus amigos. Talvez você conheça alguém que possa se beneficiar deste conteúdo.

Um forte abraço e sucesso no seu caminho!

Muito obrigado e até a próxima!

Amor e Gratidão